# バロック音楽を考える

# Rethinking Baroque Music

佐藤 望

音楽之友社

装幀・本文組版
杉井孝則（杉井デザイン事務所）

## はじめに

　世の中には、「バロック音楽」について書かれた本はたくさん出ている。それらは、私よりはるかに優れた音楽研究者の諸先生方がお書きになって、どれを見てもすばらしいものばかりである。新しい「バロック音楽史」を書いてほしい、という音楽之友社からの熱心な依頼を私が受けたとき、諸先生方の大きな仕事に新たに加える必要はないように思えた。しかし、よくよく考えてみると、1980年代くらいからバロック音楽の演奏の世界は劇的に変化してきたし、そのことや、日進月歩してきた音楽学研究の成果や考え方を十分に反映したバロック音楽史は少ない。

　また、インターネットを通じてさまざまな音楽に関する情報が行き交い、個々人と音楽との関わりが変化しているこの時代に、一人一人が、自分自身と音楽との関わりを、歴史的脈絡を通じて考えることは、とても重要になっていると思う。本書がそのきっかけとなればという思いで、本書を執筆することにした。

　本書は2015年度に慶應義塾大学日吉キャンパスで行ったバロック音楽史の講義をもとに、そのときの学生諸君の疑問や反応も参考に加筆していったものである。講義ノートをもとにしているとはいえ、実際の本の形にするには当初考えていたよりもずっと時間がかかってしまった。その間、原稿の仕上がりを待ってくださり、製作過程で根気よく細かな情報を精査してくださった音楽之友社の編集者、藤川高志氏、草稿に目を通して分かりにくい部分を指摘してくださるなどのアドヴァイスをくださった加藤礼子氏、第6章の執筆に当たって多くの教示をいただいた中村美亜氏、また最終段階で専門的目でチェックをしてくださった新進気鋭のバロック音楽研究者である佐藤康太氏に心から感謝を捧げたい。この方々の助けがなければ本書が世に出ることは決してなかった。

　バロック時代を生きた人々にとって、音楽はこのうえなく貴く、かけがいのないものであった。この人々が音楽を通じて伝えた広く深い精神世界に触れ、読者諸氏一人一人の心の中にある音楽をますます豊かにしていただければ幸いである。

　　2017年　早春

　　　　　　　　　　　　　　　　　　　　　　　　　　　　佐藤　望

バロック音楽を考える Rethinking Baroque Music——目次

はじめに …………………………………………………………………  3

## 序章　音楽的に考える——ミュージカル・シンキングのすすめ … (7)
1. 変わる音楽の聴き方 …………………………………………………  8
2. 情報化時代の音楽史——音楽的に考えること ……………………  9
3. 歴史的に音楽を聴く …………………………………………………  10
4. 本書の目的と構成 ……………………………………………………  12

## 第1章　すべての道はバッハへと通じる ………………………… (17)
1. バロック時代＝バッハへと至る道 …………………………………  18
2. バッハは本当にバロックを代表する作曲家か ……………………  20
3. バッハ中心の音楽史観がどのように形成されたか ………………  22
4. バッハ復活の契機——愛国主義と天才概念 ………………………  24
5. 様式史としての音楽史、社会史としての音楽史 …………………  26
6. 音楽の価値判断の基軸はどこにあるべきか ………………………  28

## 第2章　バロック音楽という幻 …………………………………… (31)
1. 時代区分としてのバロック …………………………………………  32
2. 1600年前後の時代の転換について
　　——ペーリ、カッチーニ、モンテヴェルディ ……………………  35
3. 音楽のルネサンス ……………………………………………………  37
4. 音楽社会史的に見る時代転換の意味——ロックとバロック ……  40

## 第3章　音響理想の転換、あるいはバロック時代の
　　　　　サウンドスケープ …………………………………………… (45)
1. バロック時代のサウンドスケープと現代の耳 ……………………  46
2. 器楽の独立 ……………………………………………………………  48
3. ヘテロフォニアの時代 ………………………………………………  48
4. 音響理想の変化——声楽・器楽アンサンブル音楽 ………………  55
5. 器楽形式の独立 ………………………………………………………  57

## 第4章　すべては鍵盤楽器の上で起こった
　　　　　——音組織・音律・調律技法を巡って ………………… (61)
1. 音楽史における鍵盤楽器——音認識の範囲の拡大 ………………  62
2. バロック音楽は調性音楽か …………………………………………  62

3. 17世紀の楽典の基礎 ……………………………………………… 64
   4. 調律・音律の問題 ………………………………………………… 70
      1) 自然倍音列 70   2) 五度圏と音階 72   3) 五度圏は実は閉じていない 73
      4) 現代の標準調律法、十二平均律 75   5) バロック期、中期までに使われた現実的な解決法——中全音律 76   6) 調律の現実的な選択とイレギュラーなシステム 78
   5. バロック音楽を考えるうえでの調律法の意味 ………………… 80
   6. 不協和音と協和音の交代、変化を楽しむ ……………………… 82

# 第5章　音楽の担い手、支え手たち ……………………………… (89)
   1. 宗教と音楽 ………………………………………………………… 91
   2. 宗教改革がもたらしたもの ……………………………………… 93
   3. 宮廷音楽の鏡——フランス ……………………………………… 96
   4. 音楽ファンの出現 ………………………………………………… 101
      1) コンサートの出現 101   2) 対照的なヘンデルとバッハ 103
   5. 音楽批評の出現 …………………………………………………… 106

# 第6章　ムジカ・フェミニーナ vs. ムジカ・ムスクリーナ、あるいは Musica muliebris vs. Musica virilis ……………… (109)
   1. アメリカの社会背景とジェンダー論 …………………………… 111
   2. ジェンダー論的音楽論の2つの波 ……………………………… 113
   3. ジェンダー研究第三の波 ………………………………………… 116
   4. バロック音楽とジェンダー ……………………………………… 118
      1) ヴァージナルを弾く女性たち 119   2) 作曲する女性たち 120
      3) 楽団を結成する女性たち 123   4) カストラート歌手を巡って 125

# 第7章　思考する音楽 ……………………………………………… (133)
   1. バロック時代の音楽知と現代の音楽学 ………………………… 134
   2. フィグーレンレーレ、アフェクテンレーレ …………………… 135
   3. ミヒャエル・プレトーリウス …………………………………… 137
   4. アタナーシウス・キルヒャー …………………………………… 140
   5. 思弁と実践の間で ………………………………………………… 144
   6. ヨハン・マッテゾン ……………………………………………… 149

# 終章　あるいは、あとがきに代えて ……………………………… (157)
   1. 古楽復興運動のその後 …………………………………………… 159
   2. 歴史的正当性とは何か …………………………………………… 160
   3. 21世紀のバロック演奏 …………………………………………… 162

人名索引　167　　図表・譜例一覧　171

**注の略号**

*GMO*: *Grove Music Online. Oxford Music Online.* Oxford University Press, http://www.oxfordmusiconline.com/.
*MGG 2*: *Die Musik in Geschichte und Gegenwart.* 2nd edition. 29 Vols. Kassel: Bärenreiter, 1994–2008.

# 序章

## 音楽的に考える
## ――ミュージカル・シンキングのすすめ

クラウディオ・モンテヴェルディ《オルフェオ》からプロローグ。ラ・ムジカが「私はペルメーッソスからやってきた…私は音楽、甘い言葉で荒れた心を沈めることができる」と歌う。

# 1. 変わる音楽の聴き方

　私たちをめぐる音楽の環境はここ数十年で劇的に変化している。クラシック音楽を聴くということが、ひとつのステイタスあるいは「教養」と思われた時代は、過去のものとなっている。若者たちは、「音楽」とはスマホでダウンロードできるものだと思っている。少し前までは、「音楽」イコールCDだったが、それももはや過去の時代だ。音楽は基本的に、「私」が「私」のために耳にイヤーピースを2つ突っ込んで聴くものとなった。しかも、ノイズキャンセリングという丁寧に周りの音を遮断する機能のついた高級なものも出ている。つまり、かつて音楽は人と人の間にあるものだったのが、今は外界と自分を遮断し、自己没頭するためのものとなっている。私はこれを、「自己没頭型音楽聴」と名づけよう。「音楽聴」とは、音楽がいかに聴かれ、そこにいかなる価値判断がなされるか、という音楽美学上の概念である。つまり、通信技術の発達に伴う情報化時代において、新しい音楽の聴き方、受容のあり方、価値判断のあり方が生まれているのである。本書を書くことにしたのは、こうした技術革命に伴った、美的受容と価値判断の形態が急速に変化する時代における音楽について考え、その視点から音楽史を顧みるということは、非常に重要だと考えるに至ったからである。

　技術革命によって、音楽の受容のあり方が変化し、音楽の聴き方が変化するということは、はじめてのことではない。20世紀の録音技術の発明と通信技術の発達は、かつての記譜法の考案や、楽譜印刷技術の発明と比較できるかもしれない。記譜法は複雑な多声音楽を可能にし、その技術の伝承に寄与し、その後楽器などを用いた多彩な音響の音楽を発達させた。印刷技術はそれらの音楽の伝達の速度を急速に上げた。ヨーロッパでは、それによってレパートリーや作曲技術の共通化がなされていった。そして、高度な技術をもった作曲家、新しい作曲技術と創意をもった音楽家の作品が広く流布することを可能にしていった。それらは録音技術と情報通信技術の発達に比べれば、数百年単位のゆっくりとしたスピードではあったが、音楽文化そのものを変化させてきたことには間違いない。また印刷メディアは、数百年かけて音楽価値観念の共通化を形成していった。20世紀の録

音技術や放送技術は、選ばれた優れた作品を多くの人に届けるという目的を遂行し、共通化された価値判断基準を堅固なものとした。しかし、それは出版社から、あるいは放送局から一般大衆へという一方通行的なものであった。ところが、インターネットをはじめとする近年の技術は、個から個への双方向かつ縦横無尽の情報伝達を可能にした。それによって、メディアが作りあげていった共通の価値判断基準は相対化され、価値観の拡散と音楽受容の個人化がますます進んでいる。

## 2. 情報化時代の音楽史——音楽的に考えること

　私たちの音楽の価値観が変わっている以上、現代において過去の音楽がもつ意味を捉えなおすことは、意義あることであろう。本書はこうした変化に対応するために執筆している。かつての音楽史は、作曲家の生涯、作品に関する情報、時代背景などについての知識を説くものであった。たくさんレパートリーを知っていることが音楽的な教養であった。しかし、歴史の知識が広がるにつれて、やがてその有名な大作曲家の周辺には、たくさんの音楽家がいたことや、彼らの社会的活動などの実態が明らかになってきた。音楽に関する知識の蓄積は、私たちが捕捉不可能なほどに拡大している。しかも、あらゆることがインターネットを通じ、スマホやパソコンで瞬時に調べられるようになった。情報の質は雑多ではあるが、音楽に関して簡単に手に入れることのできる情報の量は、加速度的に増えている。かなりマイナーな作曲家の作品の楽譜や録音でも、あるいはかなり専門的な知識でも、すぐに手に入れることが可能になった。それによって、作曲家や作品について知っている、あるいは情報をもっているということについての価値は、相対的に小さくなっている。

　音楽に関する価値観が拡散し、音楽の受容が個人化している現在において、必要なこととは何かということを、本書では考えてみたいと思う。それはすなわち、過去の音楽を単なる知識として受け入れるのではなく、過去の音楽に自分から働きかける音楽の聴き方、そのことによってそれぞれの読者の方々が、自分なりの音楽との関わり方を見出していくということではないだろうか。別の言い方をすれば、音楽を成立させてきたさまざま

な背景に思いを寄せつつ、自分と過去の音楽の関係を再発見していくことである。何らかの偶然で、いま自分のところにたどり着いた音楽について、自ら問いかけをし、かつての人々がその音にどのようなメッセージを込めたのかということを聴き取っていくことである。本書を通じて、音楽的に問いかけ、音楽的に考える音楽の聴き方について、考えてみようと思う。

## 3. 歴史的に音楽を聴く

　世の多くの人々が、バロック音楽などは過去の遺物にすぎないと思っているかもしれないこの時代において、本書を手に取った方々は、すでにバロック音楽について何らかの関心がある方であろう。演奏家の方々、あるいは音大大学院受験のため、単に興味がある、あるいは楽器を演奏している、合唱や歌をやっている、もともとバロック音楽ファンであった。さまざまな読者諸氏がおられることと思う。本書は、それらすべての方々に関わる問題について論じようと思う。本書は入門書でも、専門書でもない。それらすべての方々に読んでいただきたい。

　音楽は、感性のものなのだから、私自身が感覚・感性を研ぎ澄まして、音楽について判断すれば良い、という考えもあるだろう。音楽の趣味が個別化・個人化した現代ではなおさらのことである。しかしそれは、半分正しいが、残りの半分は間違っている。半分正しいというのは、音楽にはそれ自体に人の心を動かす力が備わっているので、感性で音楽を聴くというのはとても大切な側面であるからである。感性だけで音楽を聴くのが、半分正しくないというのは、過去の音楽は現代とまったく異なる前提で成立したという側面を無視しているからである。

　想像してみていただきたい。モンテヴェルディの活躍したヴェネツィア、ハインリヒ・シュッツが活躍したドレスデン、リュリの活躍したパリ、バッハの活躍したライプツィヒ、これらの町々で、どのような音が鳴り響いたか。そこには、自動車や鉄道の音もなければ、町をにぎわすスピーカーからの宣伝音楽もない。テレビが居間で一日中音を出していることもない。そこにあった音は、鳥の声、馬の嘶き、馬車の音、人々の談笑、叫び、軍隊の号令、ラッパ、大砲、鐘の音。そして、巷にはあらゆる歌があふれていた

序章　音楽的に考える―ミュージカル・シンキングのすすめ

だろう。大都市の教会では聴いたこともないような迫力のあるオルガンや、大人数の合唱曲が鳴り響いていた。喧騒にあふれ、メディアによって増幅された雑多な音楽の止むことのない現代とはかけ離れた音の風景が、そこにはあったはずである。

　また想像してみていただきたい。そこを生きた人々が、何を思い、何に憧れ、何を目指し、何を恐れ、何に怒り、何に喜びを得たのだろうか。そこには、厳しい身分の違いがあり、整えられた音楽を聴くことができたのはごく限られた人だった。人々の運命は支配者たちの手に委ねられた。そこでは、宗教が生活において絶対的な価値と意味をもっていた。人々の純粋な信仰と神への信頼が人間の最高の徳と考えられていた。しかし、その宗教がときに闘争と憎悪の火種を作り、人々の生活をことごとく破壊する惨事をも引き起こす。それにもかかわらず、偉大な宗教音楽が生まれ続ける。そのときに人々の心のなかにあったものが何であったのか。人々は疫病や死の恐怖に怯えた。生きることは、おそらく現代よりもずっと過酷だったかもしれない。

　そこで作られた音楽は、そうしたかつての時代を必死で生き抜いた人々の思いを伝えている。バロック音楽は、現代と相容れない時代の人たちの言葉であるにもかかわらず、人間の魂の根源から発せられた真に迫る何かを、現代の私たちも共感することのできる何かを伝えてくれる。そしてそのとき、私たちは気づく。この時代の芸術家たちは、私たちに見えなくなってしまったことに目を向け、聞こえなくなってしまった声を聴いていたかもしれない、ということを。音楽に託された当時の人々の言葉、それを彩る楽器や声の響きは私たちの想像を超えた輝きを放ち、人々は、私たちよりもずっと純粋に魂を揺さぶられたに違いない。

　こうした想像力を働かせて、この時代の音楽と向き合っていくと、私たちの知らない多くの美しいもの、深遠なもの、心揺れ動くもの、血を騒がせ躍動する喜び、涙するもの、さまざまな声が聞こえてくる。音楽を歴史的に聴くとは、現代と過去の時代が相容れないものであることを意識しながら、こうした想像力のなかで、過去を生き抜いた人々の残した声に問いかけ語りかけ、音楽に託されたその思いを聞き取っていくということである。それは、まさに悠久のロマンへの旅である。

# 4. 本書の目的と構成

　本書は、名曲解説書でもなければ、音楽通史概説書でもない。さまざまな音楽史関連事項、諸情報をコンパクトにまとめる種類の本でもない。バロック音楽史がどのように記述され、どのように理解されてきたか、ということについて考え、現代的な脈絡においてこれらの音楽がどのような意味があるのか、ということについて、それぞれの読者に考えていただくきっかけを作ることを目的としている。

　日本の学校教育では、文学、美術、音楽鑑賞教育において、名作・名曲を聴かせ、すばらしいですね、感動しましたか、それではどのように感動したか感じたまま書いてみてください、といった感じの「感動押しつけ教育」が広くまかり通ってきた。賢い子は先生がどのような「感動」を求めているか、それを 慮 (おもんぱか)って作文をする。一方で芸術家の生涯や、代表曲、作品解説、音楽用語などの知識を豊富に暗記させて、最後はテストで評価するという「知識詰め込み型」の教育も広く行われている。これでは自発的な芸術鑑賞力はつかないと思う。本書が目指すのは、単なる感動教育や情操教育を超えた芸術との関わり方、すなわち知識と思考と想像力の相互作用のなかで、過去を生きた人々の心にあったものと現代の私たちの心のなかにあるものを、音楽を通じて重ね合わせていくことによって、さまざまな発見をしていくような芸術鑑賞のあり方を、読者諸氏にそれぞれ見出していただくきっかけを作ることである。

　音楽史に関する知識は、20世紀以降の研究の進展によって莫大になっている。しかもそれらの知識は、インターネット技術やデータベース技術を通じて、以前よりずっと簡単に手に入れられるようになった。そのため、それらを知っているとか暗記しているとかいうことの重要性は、相対的に少なくなっているように思える。むしろ大切なのは、莫大な情報のなかから、現代の私たちが知るに値する情報をどのように選り分けていくかという思考力である。

　もちろん、作曲家の生涯や、代表曲、音楽用語、理論などの知識は、音楽史を理解するために重要である。本書はそれらすべてについて解説をす

るものではないので、スマホを片手に、あるいはパソコンを使ってインターネット上で見ることのできる情報を参照しながら読んでいただきたい。できれば、その際、編集者や著者のはっきりしない情報ではなく、例えば音楽之友社刊『新編 音楽中辞典』など、専門家が執筆し、監修した辞典を参照しながら読んでいただきたい。この辞典は、日本の音楽史の専門家らによって、音楽史の知識がコンパクトに分かりやすくまとめられている。（Wikipedia は玉石混交で質が良くない項目も多いので、とくに初学者にはお勧めできない。）作品もできれば実際の音を聴きながら読んでいただきたい。多くの作品が、YouTube などで閲覧できるようになっているが、これも演奏の質は雑多であり、音質も悪く、なかには誤解を招きかねない、首を傾げざるをえない演奏も含まれているので注意が必要である。できれば、CDやその有料ダウンロード版などから、良い演奏を見つけて聴いていただきたい。

　ここでもうひとつ強調しておきたいことは、録音を聴くだけで終わってほしくないということである。ましてや YouTube で聴いて、こんなものかと考えないでほしいということである。録音は音楽のコピーであり、音楽そのものの代わりにはなりえない。録音ももちろんそれ自体芸術作品である。しかしその受容形態は、本書で扱おうとしている時代には存在しなかった受容形態である。本来音楽のコピーであったものが、本来の音楽になり替わり、時空をリアルに共有する音楽の受容の方がむしろ特殊なものとなってしまったのが、現代である。当時、音楽は常に人と人の間にあるものであり、その営為において人は空間と時間を共有した。もちろん、過去の音楽をそのまま再現することは不可能であるし、かつての古楽運動ではそのような理念も掲げられたが、今そのようなことを考えている演奏家はいないであろう。しかし、演奏家がかつての音楽を自らの身体を使って再現しようとし、聴くものがその場と時を共にして、発せられるひとつひとつの音を同時に直接味わうということは、その音楽の本質に立ち返るうえで非常に大切だと思う。演奏者は歴史を通じて伝えられた作品に全身全霊をもって問いかけをし、そこから得られた答えを自ら見つけて、それを音に変えていく。そのとき、演奏者は過去の人間そのものになることはできないけれども、過去の作品のメッセージの仲介者、解釈者となるのである。歴史

への問いかけは、楽譜を通じて伝えられた音を発するための準備である。**実際の身体を使って自身で演奏したり、音の発せられる時間と空間を演奏者と共有することによってしか理解できないことは、あまりにも多い。**それらの音楽は、ひとつひとつの音は、常に人と人との間に一期一会のかけがいのないものとして存在したからである。

　本書は、以上の目的から通史の形を取らず、音楽史の見方、考え方に関わる重要なトピックごとに扱っていくことにする。第1章「すべての道はバッハへと通じる」では、19世紀以来形成されてきた天才史観による音楽史や、さまざまな音楽史物語形成の背景にあった思想について論じ、現代の音楽史観とはどのようなものかを考えていく。第2章「バロック音楽という幻」では、「バロック時代」、「バロック音楽」とは何かについて考える。現代の私たちは1600年のオペラの出現から、1750年のバッハの死までを音楽のバロック時代と呼ぶことを、常識として教えられている。しかし、それは良く考えてみるといくつかの矛盾をはらんでいる。この常識を疑い、考え直すといろいろなことが見えてくる。そこで、音楽史の時代区分・時代転換のメカニズムについて考える。第3章「音響理想の転換、あるいはバロック時代のサウンドスケープ」では、楽器の技術が音楽をどう変えてきたかということを考えてみる。人間の声は太古の昔からそれほど大きな変化はなかったが、楽器は時代時代によってめまぐるしく変化する。とくに、バロック時代と言われる150年の間に、楽器をめぐる音響理想や、楽器の扱いに関する作曲家たちの感覚が著しく変化していったことを見ていく。第4章「すべては鍵盤楽器の上で起こった——音組織・音律・調律技法を巡って」では、西洋音楽の根本的な特徴である多声の組織化の考え方が、鍵盤楽器を土台としていたという事実について見ていく。1700年前後を境に調律法や音律のあり方が著しく変化する。この問題に関しては、これまで単なる微妙な技術的問題と片づけられがちであったが、この変化が作曲原理上の根本的問題であったことを明らかにする。第5章「音楽の担い手、支え手たち」では、当時の宗教のあり方と音楽について考えるとともに、それが当時の社会的支配構造とどのように関わっていたかということについて問うことにしよう。とりわけ、音楽が支配階級から一般市民の手に渡っていくにしたがって、さまざまな構造的な変化がこの時代に起こる。

その構造変化が何を生み出してきたかという問題について考えてみる。もっともこの時代は、旧来的な秩序と、新しい傾向が複雑に入り組みながら並行している。そうした時代の特異性についても考察しよう。第6章「ムジカ・フェミニーナ vs. ムジカ・ムスクリーナ あるいは Musica muliebris vs. Musica virilis」では、20世紀後半に盛んに論議されるようになったジェンダー論、セクシュアリティー論の観点からバロック時代の音楽を見ていくことにする。ジェンダー、セクシュアリティーという観点からバロック音楽を見る、ということに少し違和感を覚える読者も多いかもしれない。しかし、この問題意識と観点は、近年とりわけ北米において非常に重要視されてきた。音楽史が現代社会に生きる私たちと過去の思想・文化との関係を意識することではじめて成り立つという立場を取る本書で、この問題を避けて通るわけにはいかないだろう。そこから、私たちは多くのことを学び取ることができる。第7章「思考する音楽」では、この時代なおも健在であった中世的な音楽観がどのように理論的に浸透していたか、その性質がいかに変化していったかについて論じる。数理論、神学、修辞学といった中世からの遺産を引き継ぎながらも、この時代は啓蒙思想や近年の科学に近い考え方が芽生えた時代でもある。音楽は、単に耳の楽しみのために存在するのではなく、それ自体が思考の対象であり、思想を反映するものであった。ここでは、そうした音楽に関する観照に人生を捧げた幾人かの重要な理論家たちの足跡をたどることにしよう。

　本書で扱う「バロック時代」は、明らかに西洋音楽のさまざまな領域における音楽の原型が形作られた時代である。当時の時代に即した想像力をもって聴こうとすると、私個人にとって、あるいは私たち人間にとって音楽とは何か、ということが見えてくるように思える。

　メディア時代において、音楽は「娯楽」「エンターテイメント」というカテゴリーに矮小化され押し込められている。しかし、この時代にとっての音楽は、決してそのようなものではなかった。音楽は、ときに神の世界と人間の世界を仲介する力をもち、ときに魂を根底から揺さぶり、ときに限りなく深遠な人間の創造力や知的能力の限界に挑む場でもあった。過去の音楽を知ることによって、現代における音楽の真の価値を見直していくことに、本書が幾ばくかでも寄与できれば、著者としてとても嬉しく思う。

# 第1章 すべての道はバッハへと通じる

バッハが使用した印章の紋。ＪＳＢの文字が刻まれている。

# 1. バロック時代＝バッハへと至る道

　バロック音楽に興味をもつ現代の人々は、多くの場合バッハを入り口としているのではないだろうか。バロック音楽といえば、**ヨハン・ゼバスティアン・バッハ**（1685-1750）だと思っている人も多いだろう。本章のタイトルを「すべての道はバッハへと通じる」としたが、これは、半分は本気であり半分は皮肉を込めている。半分本気というのは、多くの音楽家や音楽愛好者によって連綿と語られてきたこの偉大な作曲家に対する敬意に由来する。しかし、もう半分は皮肉というか、自己反省を込めてこう言っているわけであるが、それがなぜかは、後で述べることにして、バロックを代表するバッハという作曲家の非凡な側面についてまず見ていくことにしよう。

　バッハは、本書が対象にしているいわゆる「バロック時代」を疑いなく代表する最大の作曲家である。正確に言うならば、バッハは彼の死後に時代が進むにつれて徐々に、そのような人物とみなされるようになっていった。

　バッハの音楽は19世紀にドイツで始まった近代的な音楽学において最も研究が進んだ分野である。これらの研究のおかげで、バッハについては、作品や成立背景、伝承経路、彼の生い立ち、交友関係、就職活動や、職務、家族や弟子たちとの関わりなど、かなり細かいことまで分かっている。これらのたくさんの情報を知れば知るほど、バッハがいかに非凡な才能をもっていたか、歴史のなかで特別な存在であったかが分かってくる。バッハ自身が一時代の完成者たろうと意識していたかどうかは分からないが、明らかに彼は作品を後世に残すという姿勢で曲を書こうとしていたし、音楽という技術あるいは芸術と真摯に向き合い、生涯をかけて完全さを追い求めていった、そういう人物である。バッハの音楽の評価は、いわば彼の同時代の人々によってではなく、はるかに後の時代の音楽家や音楽研究者たちによって高められていった。

　多くの同時代の作曲家にとって、音楽とは人々あるいは社会の「需要」を満たす「供給物」であった。つまり、宮廷音楽家は宮廷で領主にオペラ

## 第1章 すべての道はバッハへと通じる

上演を命じられ、それに見合う費用が調達できればオペラを製作した。教会音楽家は、教会でのオルガンやカンタータの演奏を求められ、自作自演するか、あるいは演奏者を揃えて自分でそれを演奏した。それに対してバッハには、演奏の目的とか、音楽の社会的機能ということを超越して、ただひたすら作品を完成させるために残したとしか思えない音楽が数多くある。例えば、《ミサ曲 ロ短調》(BWV 232) であるが、これはバッハが残す唯一の通作ミサ曲で、プロテスタント教会音楽家であったバッハがなぜカトリック教会の典礼音楽であるミサ曲をまとめて書いたのか、よく分かっていない。それにもかかわらず、バッハは最晩年に視力の衰えと闘いつつも、ものすごいエネルギーをかけて、この作品を仕上げている。そのことは、彼の浄書譜が老齢の震える手で、何度も書き直しを加えながら作られていることから読み取ることができる。また、《フーガの技法》(BWV 1080) も、バッハの晩年に作曲が始められた作品で、ひとつの主題からあらゆるフーガ作曲の可能性を引き出そうとした曲集である。これも、フーガというバッハが最も得意とした作曲法の奥義を顕示するという以外に、演奏の機会や目的を見出すことはできない。

バッハはその他にも、空前の規模で書かれた《マタイ受難曲》(BWV 244)、各種の鍵盤音楽のモデルを示したと考えられ4部からなる『クラヴィーア練習曲集』(第1部は舞曲組曲である《6つのパルティータ》(BWV 825–830)、第2部は《協奏曲と序曲》(BWV 971、831)、第3部は前奏曲、フーガ、コラール、デュエットからなる、おもにオルガンのための音楽 (BWV 552、669–689、802–805)、第4部は《ゴルトベルク変奏曲》(BWV 988))、《平均律クラヴィーア曲集》(BWV 846–893) など、記念碑的な作品を残している。これらの多くは、音楽に求められた社会的機能を果たすという目的を多かれ少なかれ超越していて、何らかの目的に応じて書いたというより、高度な作曲のモデルを提示しようとした作曲者の意図は明らかである。

これらの作品を作曲するに当たりバッハは、彼の時代までに存在したあらゆる音楽ジャンルの様式や技法を取り入れて、それらの規模を拡大して統合し、システマティックな作品として仕上げていった。実のところ、どのジャンルの作品にも前例があり、バッハ自身が編み出した特別な技法や作曲法というものはほとんど存在しない。しかし、彼のオリジナリティは、

いわば旧来の技法を極限にまで高度化し、体系化し、作品の規模を拡大したということであると言うことができるだろう。その体系化・高度化の過程で、作品は抽象化され、音楽に求められた社会的機能から遊離していったとも言える。つまりその意味で、バッハの作品概念は、芸術が芸術として存在しうる近代的な芸術概念に近かったと言うことができるかもしれない。

　バッハという作曲家の凄さは、当時彼が得ることのできたあらゆるヨーロッパの音楽様式を自らの作品のなかに貪欲に取り入れたことにある。過去を統合したことが未来を見据えることにもつながり、そしてそれが結果的にバッハの作品に時代を超える力を与えることになったと言うこともできるだろう。バッハの音楽はどの作品も非常にレベルが高く、後世の人々の心を動かし、繰り返し演奏したい、繰り返し聴きたいと思わせる何かをもっている。バッハの死後300年の間に、多くの音楽家がバッハに立ち返り、そこから何かを学ぼうとしてきた歴史が、それを証明している。

## 2. バッハは本当にバロックを代表する作曲家か

　本章のはじめで、「すべての道はバッハへと至る」という言葉に半分皮肉と自己反省を込めていると述べた。それは、当時の時代に即して考えれば、バッハは決して時代を代表する作曲家とはみなされてはいなかったと言えるからである。音楽史を科学的歴史研究の方法論に基づくものであるべきとするならば、過去の音楽をそれぞれの時代の人々の立場で理解することは極めて重要なことである。バッハは比較的狭い地域で活躍したローカルな音楽家であり、その影響力は極めて限られていた。最終的な就職先であるライプツィヒの聖トマス教会の附属学校で彼が得たカントルという地位も、ドレスデンやベルリンの宮廷楽長に比べればはるかに低いものだとみなされていたし、当時音楽の国際交流は相当に進んでいたにもかかわらず、バッハがイタリア諸都市、パリ、ロンドンといった音楽の国際舞台に登場することは一度もなかった。

　しかし、バロックといえばバッハといった認識が、現代において広く行き渡っているために、私たちはバロック時代のどの作品を聴いても、無意識にバッハと比較して聴いてしまっている。バッハ以前にも、バッハと同

等の実力をもち、評価された作曲家はこの時代のヨーロッパには何人かいる。古い方から挙げるなら、イタリアの17世紀初期にヴェネツィアで活躍した**ジョヴァンニ・ガブリエーリ**（1554から57頃 – 1612）、初期の記念碑的なオペラを作曲した**クラウディオ・モンテヴェルディ**（1567 – 1643）、イタリアの演奏習慣と作曲技術をドイツに移入し、ドイツ・プロテスタント音楽の礎を築いたドレスデンの宮廷楽長**ハインリヒ・シュッツ**（1585 – 1672）、フランス王ルイ14世の作曲家として絶大な影響力を誇った**ジャン＝バティスト・リュリ**（1632 – 87）らである。バッハと同時代には、バッハと同じ中部ドイツ生まれの**ジョージ・フリデリック・ヘンデル**（1685 – 1759）や、**ゲオルク・フィーリップ・テーレマン**（1681 – 1767）がいる。当時の国際的名声は、これらの作曲家の方がバッハよりはるかに上であった。これらの作曲家がすべて、バッハに通じる道を開いた作曲家であったと考えるならば、それは歴史に即して明らかに間違っている。

　バッハは非常に教育熱心な人物であったが、その影響力は彼の直接の弟子たちという限られたサークルに限られていた。世間では彼は、作曲家としてよりも、むしろ、オルガンのヴィルトゥオーソとして有名であり、両手両足を巧みに使った彼の妙技は、多少の尊敬や羨望を集めはしたが、一部の音楽の識者の間ではかえって品のないものとみなされてもいたのである[1]。ましてや、バッハの存命中、彼が全ヨーロッパにおける時代を代表する作曲家であるというような認識は、当時の音楽家の間では皆無であったに等しい。

　ところが、現代の私たちはバッハの音楽を基準にして考える習慣が、知らず知らずのうちに身についている。現代の私たちは常に、この音楽はバッハに似ている、あるいはこの曲はまだバッハの技巧に達していないなどと、バッハ以前の音楽をバッハと比較しながら聴くのである。あたかも、これらの作曲家がバッハへ至る道を切り拓き、バッハの偉大な作品において成就する芸術の完成を準備したかのように。バッハ以前の作曲家はもちろん、バッハの作品を知るよしもない。これは、バッハ以前の作曲家にとって不

---

[1] 当時のバッハ批判については、木村佐千子の論文「バッハの音楽は自然か——シャイベのバッハ批判とビルンバウムの反論を通して」『東京藝術大学音楽学部紀要』2001年（27）：43 – 60頁を参照されたい。

当な評価なのではないか。

　一般の愛好家、あるいは演奏家の諸氏がそのような印象をもつのであれば、仕方のないことであるかもしれない。しかし、20世紀までに音楽研究者たちによって書かれた多くの音楽史の書物が、バロック時代150年間の歴史はバッハの芸術を準備し、導き、それを完成させる一時代であった、というような歴史観を反映している。この歴史観は、後述するように、後の時代に修正されることになるが、まずはこうした歴史観がどのように形成されたかを見ていくことにしよう。

## 3. バッハ中心の音楽史観がどのように形成されたか

　バッハの影響力は、彼の時代とその死の直後においてはかなり限定的であった。彼の作曲活動の中心であった声楽曲やカンタータは、彼の死後ほとんど演奏されなくなり、ほぼ忘却されることになる。これは当時としてはとくに驚くべきことではない。教会の礼拝やさまざまな音楽的な催しで、音楽を供給するのは、そこに雇われた音楽家の責任であって、過去の作曲家の作品を繰り返し再演するようなことは、あまり一般的ではなかった。作曲家の没後は、その音楽も忘れられるというのはごく普通のことであった。たしかに、バッハの息子たちヴィルヘルム・フリーデマン・バッハ（1710–84）やカール・フィーリップ・エマーヌエル・バッハ（1714–88）は、父の作品の楽譜を遺産として受け取り、父の音楽を再演している。《ミサ曲ロ短調》のクレドなどの声楽作品をハンブルクで再演していたエマーヌエルは、大胆にも父のオリジナルのスコアに直接剃刀を当てて無数の修正を加えている[2]。偉大な作曲家の作品を保存しオリジナルのまま演奏することを最も良いとする、現代であれば当然の感覚を、息子はもちあわせていなかったことが、ここから分かる。エマーヌエルは、偉大な音楽作品を覚えて再演する、というよりは、むしろもっと実用的な目的があって父の音楽

---

2　Uwe Wolf, "C. P. E. Bachs Revisionen am Autograph der h-Moll-Messe seines Vaters und der Hamburger Stimmensatz zum Credo BWV 232$^{II}$," in *Er ist der Vater, wir sind die Bub'n: Essays in Honor of Christoph Wolff*, ed. Paul Corneilson et al. (Ann Arbor: Steglein Publishing, 2010), 1–19.

# 第1章　すべての道はバッハへと通じる

のスコアを用いていたのである。いずれにしても、カンタータなどの教会音楽作品が作曲家の没後も演奏されるということは、非常に稀で例外的なことであった。

　もっとも、バッハの作品もすべてが忘れられたわけではない。細々とではあるが途切れることなく伝承され続けた作品がある。バッハの**《平均律クラヴィーア曲集》**である。《平均律クラヴィーア曲集》はおそらく、バッハが息子や弟子の教育のために書いた作品である。しかし彼自身、これを非常に汎用性があり世にあまねく広めるべき作品と必ずしもみなしてはいなかったようである。《平均律クラヴィーア曲集》は、バッハが企画した出版シリーズである『クラヴィーア練習曲集』のなかには含まれなかったし、具体的に出版を企画していた形跡はない。この作品が最初に出版されるのは、バッハの死後かなりたって19世紀に入ってからである。しかし、バッハの弟子たちはこれをすべて書き写して教育用に使っており、彼らがさらにその弟子たちに自分の筆写譜から新たな筆写譜を起こさせていた。そのため、この曲集に関してはバッハの弟子筋から伝承された極めて数多くの筆写譜が残っている。同曲集の第1巻のバッハ自身による自筆譜は消失しているため、現在知られている楽譜は、弟子たちの伝承した稿（とりわけバッハに最も近かったと考えられる弟子のアルトニコルという人物の残した筆者譜）から再構成したものである。第2巻に関してはバッハ自身の自筆譜が残っている。モーツァルト（1756-91）もバッハの《平均律》を知っており、そのなかのいくつかのフーガの弦楽用編曲を残している[3]。ベートーヴェン（1770-1827）の師ネーフェ（1748-98）はジムロック版の《平均律》出版に関与しているが、その出版以前に教材としてベートーヴェンにこの作品を教えていた。また、ベートーヴェンはさらにカール・ツェルニー（1791-1857）にその演奏を伝授しており、このことはツェルニーが出版した有名な《平均律》の出版譜の前文に記されている。つまり、バッハの作品は死後ほぼ忘却されたが、《平均律クラヴィーア曲集》は例外だった、

---

[3] この成立事情については富田庸の論文が詳しい。Yo Tomita, "A New Light Shed on the Origin on Mozart's KV 404a and 405 through the Recent Source Study of J. S. Bach's Well-Tempered Clavier II" (paper presented at British Musicology Conference, King's College, London, April 18, 1996), accessed December 8, 2015, http://www.qub.ac.uk/~tomita/bmc1996/KV405art.html.

ということになる。

## 4. バッハ復活の契機 —— 愛国主義と天才概念

このように、バッハの音楽は彼が世を去ってから完全に公の音楽シーンからは消えたように見えたが、一部の音楽の識者の間では灯心にともされた炎が細々と次の世代へと渡され続けていったのである。そしてそれが19世紀におけるバッハの華々しい復活を準備することになる。バッハという小川を大海に変えていったのには、2つの要因があったと言うことができる。それは、ドイツにおける市民社会の形成と、ナショナリズムの興隆である。19世紀ドイツでは、貴族社会は凋落し、一般の市民が経済的にも政治的にも影響力をもつようになっていた。市民らは文化や芸術の担い手としても重要な存在となっていた。そして、音楽は文学と並んで彼らの重要な教養のシンボルとなっていた。19世紀初頭はまた、ナポレオンのベルリン占領という屈辱を味わったドイツ人の間で、誇りある国民国家の形成を目指す機運がますます高まる時代でもあった。バッハは、そうした国民の誇りを託すシンボル的な存在に祭り上げられることとなったのである。

1802年、**ヨハン・ニコラウス・フォルケル**（1749-1818）はバッハの最初の伝記を書いて出版する。フォルケルは、バッハこそが一時代の完成者であり、ドイツ国民の誇りであると考えた。フォルケルは、「ヨハン・ゼバスティアン・バッハが我々に遺した作品は、はかり難いほど貴重な国民遺産であって、他のいかなる国民もこれに比肩するべきものをもたない」、と述べ、当時企画が始まりつつあった彼の校訂譜の編纂を「愛国的な企画」と称賛するのである[4]。国境を超えて評価されるヘンデル、モーツァルト、ハイドン（1732-1809）、ベートーヴェンを生み出した民族・国民が、古くからの音楽的伝統を携えて伝え続け、その伝統がバッハにおいて完全な形で結実したことを、フォルケルは示そうとしたのである。そして、そのアイディアは、当時の教養市民らで構成されていたアマチュア合唱団などの音楽愛好組織を通じて、広く一般に拡大していく。**フェーリクス・メン**

---

4 フォルケル「バッハの生涯、芸術および芸術作品について」、角倉一朗訳、『バッハ資料集』、東京：白水社、1983年、299頁。

## 第1章 すべての道はバッハへと通じる

デルスゾーン（1809–47）が、バッハの《マタイ受難曲》を1829年にベルリンで再演して成功を収めることができたのも、このような教養ある一般市民に支えられたドイツ・ナショナリズム的な機運があったからこそに他ならない。

　バッハを復活させた要因にはもう1つある。それは、天才（ジェニー）史観による音楽史の形成である。今日の芸術学や音楽学は、芸術は人間の社会的な活動の所産であると捉える傾向が強い。それに対して、19世紀のロマン主義的芸術論には、芸術は天あるいは神に与えられた特別な才能、ときに自らの認識をも超越するような創造の能力が芸術を作り上げるという信念が通底していた。天才（ジェニー）という概念は、芸術を扱う哲学、美学のなかで常に重要であり続けたのである。イマーヌエル・カント（1724–1804）は『判断力批判』（1790）のなかで芸術における「天才」の概念を扱っている。カントにとって、芸術は旧来的な意味での職人的手仕事、あるいは技術、もしくは知識や学問と区別されるものであり、芸術が真の芸術であるためには、天から特別な才能・能力を与えられた者、すなわち天才が必要であった。バロック時代の社会では、音楽や美術はものづくりを行うのと同様の職人芸であると考えられていた。また、音楽は神学や数学に学ぶ学問であるといった思想も広く受容されていた。そうした思想は、中世以来の観照的・思弁的音楽論、すなわち音楽は数学であり、音楽が織りなす調和は天体の調和にも通ずるという思想の伝統を引き継いでいた。19世紀の美学は、音楽を含む芸術を、手仕事的職人芸とも学問とも一線を画す特別なものに引き上げようとしたわけであるが、そのために天才（ジェニー）の概念を利用し、それに基づいて芸術の、そして音楽の歴史を描こうとしたのである。

　事実フォルケルも、上述のバッハ伝の最終章で彼を「真の天才」として最大限に賞賛しており、バッハが技法に長けていただけでなく、その才能を浪費せず、また傲らずに磨き続けたこと、そして大衆の賞賛を浴びることを求めなかったことが、バッハを真の天才にしたゆえんであると述べている[5]。つまり、過去の音楽を新しいものに凌駕されてしまった遺物とみな

---

5　同書、369–372頁。

さずに、歴史的音楽に当世の音楽と同等の価値を認める歴史観、いわゆる「歴史主義的」音楽史観が、19世紀を境に徐々に芽生えていくこととなるのだが、その価値基準となったのが、天才の概念であった。それによって、音楽史は、天に特別な才能を与えられた者たちが連綿と引き継ぐ歴史であるといった考えが、次第に自明のものとみなされるようになっていくのである。

## 5. 様式史としての音楽史、社会史としての音楽史

　歴史学としての音楽史の研究は、19世紀に始まったと言っても過言ではない。また、そうした研究はバッハの音楽を再発掘する作業とともに進展していったと言っても言い過ぎではない。このときを境に、多くの人々が過去の遺物とみなしていた音楽作品の「発掘作業」が始まっていき、音楽のレパートリーと音楽家をめぐるさまざまな状況に関する知識が膨大に蓄積されていくようになるのである。

　これらの研究は、当初は天才とみなされた大作曲家を中心に進められていたが、資料研究とレパートリーの研究はその範囲を徐々に拡大していく。その過程で音楽をめぐるさまざまな社会状況が明らかになり、また作曲家たちの師弟関係、影響関係などのネットワークの様相も詳らかになっていった。それと同時に、天才と言われる大作曲家以外の作曲家に関する研究も進んでいった。そして、それに伴って、**デンクメーラー**（Denkmäler「記念碑」の意味）と言われる地域ごとの音楽作品集の叢書が出版されるようになる。これには、中北部ドイツ・プロテスタント地域を中心とするDDT（ドイツ音芸術の記念碑）、南ドイツを中心とするDTB（バイエルン音芸術の記念碑）、DTÖ（オーストリア音芸術の記念碑）がある。これらの編纂は、大作曲家中心の天才音楽史観から抜け出し、音楽の価値を相対化しようとする試みだったということができる。

　大作曲家だけでなく、その周辺の作曲家の作品にも一定の歴史的価値を認め、天才の存在によって先験的に設定された美的価値判断をいったん留保する歴史の描き方が、それまでの音楽史観に対する反省として現れるようになる。20世紀初頭に現れたのは、**グイード・アードラー**（1855-1941）による音楽様式史観である。彼は、1911年に著した『音楽における様式』

のなかで、音楽史はひたすら様式の変遷の歴史であるという理念を打ち出した。アードラーは様式を生命体の組織にたとえ、芸術家の意思によって偶然に決定づけられるようなものではなく、一定の組織的原理や法則性によって決定づけられるものであると考えた。その序文のなかにはこう記されている。「我々は本研究において『美しい』という言葉で指針を立てることは行わない。なぜなら、ある芸術作品が成立した時代において美しく思われたとしても、それが次の世代にとっても同様の美的直観を満たすものとは限らないからである」[6]と。アードラーに限らず、この時代の音楽史研究は音楽を自然科学のアナロジーとして捉える傾向が顕著であり、その際、偉大さとか美しさといった価値基準をいったん留保するという態度を取っている。こうして、さまざまな時代の音楽が偉大な天才に吸収されて、その天賦の力で芸術が完成に導かれるといった、19世紀的な芸術歴史観に次第に修正が加えられていく。

　20世紀の後半になると、別の方向からも大作曲家中心の音楽史観を修正しようとする動きが顕著になってくる。それは、音楽の生産と演奏活動を一元的に社会史的な、あるいは社会学的現象として捉える音楽史観である。

　天才史観による音楽史にしても、様式史観による音楽史にしても、音楽の組織的な自律性というものをイメージしていた。つまり、音楽は生物のような有機的な組織体であって、それ自体が自律して存立し変化していく、と捉える考え方である。しかし、社会史的な史観は、音楽史を天才大作曲家による名曲の歴史として捉えることも、自律した様式や技法の変遷の歴史として捉えることもしない。音楽はそれ自体自律して存立するのではなく、人間によって社会的に作られるものであるというのである。大崎滋生は、音楽史を「人間の音楽営為の歴史」として捉えようとし、実際に音楽が当時どのように鳴り響き、それが当時の人々にどのような意味をもって受け入れられたかということを詳らかにすることが、音楽史研究の課題であると考えた[7]。この考え方に従えば、バロック時代がバッハを生み出すために存在したかのような捉え方は、まったく本末転倒した理解であって、時代錯誤的な進歩史観に強く囚われている理解ということになる。

---

6　Guido Adler, *Der Stil in der Musik*, 2nd ed. (Leipzig: Breitkopf & Härtel, 1929), 11.
7　大崎滋生『音楽演奏の社会史——よみがえる過去の音楽』、東京：東京書籍、1993年、28頁。

# 6. 音楽の価値判断の基軸はどこにあるべきか

　それでは今日において、音楽史はどのような理念で捉えるべきなのであろうか。現代の社会は、とりわけ芸術の判断という点では、価値観が極度に相対化し、個人化している。そのため、音楽の価値判断の基準はかく在るべしと、どのような学者が述べたところで、相対主義の蔓延した今日ではどこか空々しく響いてしまう。そういう意味で突き詰めれば、音楽の価値は個人の趣味によってのみ判断されるべきものである、と言わざるをえない時代になっている。そういう時代においては、「バッハが最も完成されたバロック音楽なのだから、私はバッハしか聴かないしバッハさえあれば十分だ」という音楽の聴き方も、「大作曲家を評価するだけの19世紀的な芸術理念は歴史のなかでゆがめられた価値観であり、周辺の多くの作曲家にも同等の価値があるのだ」という音楽の聴き方も、極端ではあるが、どちらもある意味正当化される。しかし、そのどちらも正しいかもしれないが、どこか虚しい。前者は、先験的に設定された価値観から動こうとせず、近代の音楽学が明らかにしてきた音楽遺産の豊かさを享受することを拒んでいるし、後者は完全な相対主義に陥っている。

　「すべての道はバッハへと通じる」として音楽史を見ようとしたことは、明らかに片寄りがあり、歴史を歴史に即して見ようとしていない。しかし、近代の音楽学が明らかにしてきたバッハという人間の生々しい姿を見つめ、彼が音に託したメッセージを聴こうと耳を傾けると、彼が見据えていたとてつもない深遠な音楽の世界が見えてくるのも確かである。バッハはある意味、同時代音楽の評論家たちや聴衆の評価に対して、半ば超然とした態度で音楽を書いていた。しかし、当時バッハよりもはるかに高い評価を受けていたテーレマンやヘンデルはかなり違っていた。テーレマンは高邁な音楽を書くばかりではなく、一般の音楽愛好家に対しても社交的で外向的な態度を取り、その求めに応じて親しみやすそうな音楽を多数提供しようとした。天才にあるまじき大衆迎合主義者、ポピュリストだとの非難もあり、テーレマンの音楽はバッハに比べて低くみなされてきた。彼は非常に多作家でもあったので、急いで筆にまかせて書き飛ばしたような軽いもの

## 第1章 すべての道はバッハへと通じる

や、取るに足らないように見える作品が多いのも事実であるが、彼の優れた作品が、今日の研究者たちによって、また今日の優秀な演奏者たちの活動によって徐々に明らかになりつつある。また、ヘンデルは、バッハと同年に同じ中部ドイツで生まれながら、後に海を渡り、音楽の巨大市場であるロンドンで活躍する。そこで、彼は自分が一番やりたかったオペラを事業として成り立たせようと奮闘し、そして最後には破産の憂き目を見ることにもなる。19世紀的な芸術概念は彼を、音楽をビジネスとして金儲け主義に走った堕落した作曲家とみなすかもしれない。しかし、残る作品をよくよく吟味すれば、ヘンデルもバッハに劣らない作曲家であったことは明らかである。

　このように、その時代を生きた音楽家たちは、それぞれ自分が与えられた才能を用いながら、それぞれのやり方で彼らの音楽を受容する人々に対して、異なるコミュニケーションを取り、音楽的メッセージを送ってきた。情報化が高度に進んだ現代社会において、我々は彼らの発したさまざまな声に耳を傾けていきたい。現代の我々は、19世紀的な芸術観念を否定しようとしても、すでに否応なしにその影響を受けてもいる。しかしその一方で、その後に進んできたさまざまな音楽研究の成果も享受できる時代を生きている。そして、それらの研究の情報を、音源や楽譜も含めかなり広範囲にインターネットで享受できる。我々に現在必要なことはきっと、それらの幾多もの情報を単に知識として受け入れるだけではなく、それらの語る言葉に耳を傾け、想像力を働かせながらメッセージを受け取ろうとすることではないだろうか。優れた作曲家の優れた作品は、必ずやそうした働きかけに対して、我々の想像を超えたすばらしい音で、すばらしい声で語りかけてくれる。現代における音楽の価値判断の評価基準とは、そうした作曲家の創造力がもたらすメッセージ性や語る力ではないだろうか。それを受け取るためにも、我々は歴史の声に耳を傾け、それを聴き取る力を養っていかなければならないのだと思う。

# 第2章
# バロック音楽という幻

建築家、技師であったジャーコモ・トレッリ(1608–78)による舞台デザイン。フランチェスコ・サクラーティ(1605–50)のオペラ《ベッレロフォンテ Bellerofonte》のプロローグの場面。1642年ヴェネツィアのノヴィッシモ劇場で上演。Cf. Ellen Rosand, *Opera in Seventeenth-Century Venice: The Creation of a Genre* (Berkeley: University of California Press, 1990), 136.

# 1. 時代区分としてのバロック

　本書は「バロック」という言葉を、17世紀から18世紀前半までにおける音楽史の時代区分の概念として用いている。しかし、この言葉を無反省に使うことはできない。本章ではそのことについて少し詳しく考えてみることにしよう。

　バロック時代、バロック音楽という言葉を、今日の研究者も、演奏家も音楽愛好家も、それほど疑問をもつことなく使っている。今日の音楽史の教科書・事典には、イタリアでオペラが興隆した1600年前後からバッハの死に至る1750年まで（あるいはヘンデルの没年である1759年まで）を「バロック時代」とし、その時代の音楽を「バロック音楽」と呼ぶと書かれている。そういう約束事だからと言ってしまえばそれまでだが、この呼称と区分にはそもそも矛盾がある。オペラの創始とバッハの死という2つの出来事は、何ら対応関係をなしていない。バッハはオペラを1作品も残していないからである。また後に述べるように、オペラはそれ以前の複雑な対位法による作曲に対抗し、言葉を重視したシンプルな音楽スタイルを強調することによって創始されたが、なぜかこの時代は、複雑を極めた対位法を再び駆使した多数の作品を残したバッハで終わるということになっている。さらに言えば、なぜその時代が「バロック」と呼ばれ、それにどのような意味があるのかという問いには、明確な答えがほとんどない。「バロック」という用語が、何ら歴史的事実に即して名づけられたものではなく、後世の研究者らによっていつの間にか使われ、定着した用語であり、かつその意味は時々で著しく変化しているからである。

　音楽演奏の現場ではバロックを「音楽様式」として、あるいはその複合体として捉えようとしている。演奏家たちは、日常的に「バロック音楽の様式ではこのようなフレーズはこう演奏すべき」とか、「その演奏の仕方はバロック的ではない」とかいうことを口にしている。その音楽が書かれた時代の様式の、という意味であれば問題はないが、そもそもいわゆる「バロック時代」の音楽様式は極めて多彩であり、モンテヴェルディの声楽様式とバッハの声楽様式は明らかにまったく異なるにもかかわらず、両方ともバ

ロック音楽の括りに入れられる。「バロック時代」に入ってからも、それ以前の様式は変わらず継承され続けたし、さらに後の時代に中心となるような音楽的要素（例えばソナタ形式を構成させるような諸原理）は、すでにバロック時代に異なる方法ではあるが豊富に使われていた。「バロック時代」と呼ばれる150年間に起きた諸様式の興隆・衰退は著しく、またそれぞれの地域にはそれぞれ独特の様式があり、それらをひっくるめてバロックの音楽様式、バロック時代の様式と呼んでいるということを考えると、そもそもバロック音楽とはいったい何なのか疑問も当然起きて然るべきだろう。

　バロックという用語は、近代的な音楽学が19世紀末にドイツで始まる頃に使われ始め、その頃から次第に普及していった。もともとこの用語は美術史の様式概念・時代概念を表すもので、それが音楽史に援用された背景には、美術と音楽がその時代の共通する精神を反映するという理念があった。つまり、それぞれの時代には、時代の人々が共有する時代精神（ツァイトガイスト Zeitgeist）なるものが存在し、芸術はそれを映し出すという考え方である。しかし、これを説明しようとすると、フリードリヒ・ブルーメ（1893–1975）がMGG音楽事典の初版（1951）の「バロック Barock」の項目のなかで試みたように[1]、極めて難解な形而上学的レトリックを駆使しながら説明せざるをえないし、美術様式と音楽様式の交流や影響関係を体系的に実証することは実際にはかなり難しい。

　そもそも、「バロック」という用語は、フランス語の"baroque"「いびつな」「悪趣味な」といった形容詞に由来する。しかし、当該の時代の音楽がおよそこの言葉の意味するようにいびつだったり、悪趣味だったりするわけがない。この言葉は、当時の音楽に共通する特徴を何も表していないし、この時代の音楽がそう呼ばれなければならない必然性はまったく存在しない。多くの音楽事典や、音楽史書が行っているように、この用語がどのように使われて、音楽史の一時代を表すに至ったかということを説明することはできるが、その用語史を概観すれば、この言葉が時代概念として使われたのは単なる偶然であったという印象を強めることになる。そのため、この用語を時代概念として用いることを避ける研究者は実は多く、ドイツの音

---

[1] 翻訳は下記の書籍。フリードリヒ・ブルーメ『バロックの音楽』、和田旦・佐藤巌訳、東京：白水社、1992年。

楽学の基礎を築いた一人で、機能和声理論で有名なフーゴー・リーマン（1849
-1919）は、当該の時代を「通奏低音の時代 Generalbass-Zeitalter」と呼び[2]、
またグイード・アードラー（1855-1941）は「第三の時代」と呼んだりして
いる[3]。また、近年の音楽学においても、20世紀終わりにカール・ダールハ
ウス（1928-89）監修で刊行された全13巻からなる大規模な音楽史および
音楽学の双書[4]は、ルネサンスやバロックといった言葉を使わず、世紀ごと
に巻を分ける方法で時代区分を行っている。

　もっとも、ある時代の音楽を表すのに17世紀前半の音楽とか、三十年
戦争後の音楽というような客観的な基準をもった言い方よりも、「バロック
音楽」という呼称の方がずっと魅力的であった。日本において最もバロッ
ク音楽の普及に努めたのは、ドイツでヴィリバルト・グルリット（1889-
1963）に師事して音楽学を学び、東京藝術大学で教鞭を執った服部幸三で
あった。服部や皆川達夫が長く担当した「バロック音楽のたのしみ」とい
うNHKのFM放送は、バロック音楽という言葉と音楽のイメージを日本
に定着させるのに大きな役割を果たした。もし、この番組が「17世紀西洋
音楽のたのしみ」という題名だったらどうだったであろうか。どことなく
無味乾燥で魅力に欠ける印象を与えたかもしれない。バロックという言葉
を通じて、この時代の作曲家たちの作品が一般に広く知られるようになっ
たということは間違いない。グルリットやブルーメに代表される、服部が
留学した時代のドイツ音楽学においても、時代概念としてのバロックとい
う言葉はすでに定着していた。また英語圏でも、マンフレート・ブコフツァー
（1910-55）が非常に影響力のある著書『バロック時代の音楽 Music in the
Baroque Era』（1947）を著してからは、バロック時代、バロック音楽とい
う言葉が定着していった。これらの研究を通じ、研究者、演奏家、一般音
楽愛好家の間で「バロック音楽」のイメージが形成されていった。しかし、
それは人々の間で漠然と観念的に形成されたイメージであったにすぎない。

---

2　Hugo Riemann, *Handbuch der Musikgeschichte*, vol. 2, part 2 (Leipzig: Breitkopf & Härtel, 1912).
3　Guido Adler, *Handbuch der Musikgeschichte* (Frankfurt: Frankfurter Verlags-Anstalt, 1924).
4　Carl Dahlhaus, ed., *Neues Handbuch der Musikwissenschaft* (Laaber: Laaber-Verlag, 1980-95).

そして、それはモンテヴェルディという巨匠によって創始され、バッハという天才によって完成される一時代という歴史観を暗黙のうちに強化するために役立ってきたのである。

## 2. 1600年前後の時代の転換について――ペーリ、カッチーニ、モンテヴェルディ

　音楽史における時代の転換は、社会史や政治史のそれとは異なる。政治史であれば為政者の交代や革命、国や制度の設立と没落というかなり明確な基準をもって区分をすることができる。人々の生活を根本的に転換させるような歴史的な出来事を人類は幾度も経験してきた。例えば第二次世界大戦の終結という出来事は、参戦した国々、とりわけ敗戦国の日本やドイツの人々の生活様式や社会規範、考え方を大きく転換させた。もちろん、社会基盤が変化すれば、音楽にも影響が及ぶ。しかし音楽というのは一種の技術であって、その技術は何らかの外的影響によって突然変化するわけではない。それは、家具職人や、パン職人が革命の前後でまったく違う家具やパンを作るようになるわけではないのと同じである。音楽の技法や技術の変化は、かなりゆっくりであって、しかもそれは文芸や美術といった他の芸術分野とかならずしもシンクロするわけではない。

　とはいえ、1600年前後におけるオペラの出現は、時代の変化を象徴する重要な出来事であったということは間違いない。オペラ、すなわち、ギリシア古典神話に基づく劇の始終に節をつけて歌い演じる新しい芸術ジャンルは、イタリア、フィレンツェで始まった。このジャンルは当初オペラではなく、**ドランマ・ペル・ムジカ**（音楽による劇）と呼ばれた。もちろん、それ以前にも芝居のなかに歌が入るのは通常よくあることであった。さらにさかのぼれば、宗教的題材に基づく歌芝居には中世以来の伝統があった。しかしギリシア古典神話劇に終始、節をつけて歌って演じる新しい芸術運動には、当時の時代の文脈において、もっと特別な重要性があった。

　この特別な意味をもつ新芸術を主導したのが、フィレンツェの知識人の集団であった。当時のイタリアにはアカデミアやカメラータと呼ばれるこうした集まりが各地にあった。彼らは定期的に集っては哲学、文芸、芸術

や学問一般について語り合った。そのなかでも、1570年代から1580年代にかけて、フィレンツェのジョヴァンニ・デ・バルディ伯爵（1534-1612）の主催した**カメラータ**が、オペラの創始に深く関わっている。バルディが1592年にローマに移住してからは、このカメラータは、貴族で作曲家でもあった**ヤーコポ・コルシ**（1561-1602）が主導することになる。そこには、やはり作曲家の**ヴィンチェンツォ・ガリレーイ**（ガリレオ・ガリレーイの父1520年代後期？-91）や16世紀末期における最重要な作曲家の一人である**ジューリオ・カッチーニ**（1551-1618）がメンバーとして加わっていた。このように、この集団は当初から音楽を強く意識したグループであった。このサークルから、短期間に多発的にいくつかのオペラが生まれる。最初に、コルシと作曲家**ヤーコポ・ペーリ**（1561-1633）、詩人**オッターヴィオ・リヌッチーニ**（1562-1621）は、オペラ《**ダフネ**》（1598年上演、楽譜は断片のみ現存）を共同で制作する。そして、ペーリはリヌッチーニの台本による《**エウリディーチェ**》を、1600年にマリーア・デ・メディチとフランス王アンリ4世の結婚祝賀のために上演する。この作品は部分的にカッチーニが作曲しており、これが楽譜が完全な形で現存する最古のオペラとされる。また、カッチーニが大部分を作曲した《**チェファロの誘拐**》も同じ1600年にフィレンツェにおける上記の結婚祝賀で上演されており（作曲は部分的にカメラータ周辺の幾人かの作曲家も担当）、また同年にカッチーニは単独で《**エウリディーチェ**》を作曲している（上演は1602年）。

　オペラには、まったく新しい作曲の手法が使われた。その頃イタリアでは世俗詩を題材にした表出的な音楽様式が非常に流行していた。これは旧来の教会音楽の伝統的対位法的手法によらず、言葉のデクラメーション、すなわち言葉の抑揚をそのまま音楽に写し取り、意味内容を表出することを重視した様式であった。そして、この様式はマドリガーレと言われる世俗多声楽曲のジャンルで花開く。こうした表出的な様式がオペラに援用される。それに加えて、物語をソロの歌唱と通奏低音の伴奏だけで語り歌いする様式による音楽が、多く書かれるようになる。フィレンツェのカメラータの人々は、これらの様式を総称して「**スティーレ・ラップレゼンタティーヴォ**」と呼んだ。直訳すれば「描写表現的様式」であり、あるいは「劇の様式」と訳すことも可能である。オペラ（すなわちフィレンツェの人々が

言うドランマ・ペル・ムジカ）は、この様式で書かれた新しい種類の芸術に他ならなかった。この様式においては、言葉のデクラメーションが重視され、より自由な不協和音の扱いやリズムの多様性が認められる、とオペラの推進者たちは主張したのである。

　オペラという新しい芸術、すなわち表出的な様式ですべての部分が作曲されたギリシア古典神話に基づく劇音楽は、17世紀前半に急速に広がっていく。マントヴァとヴェネツィアを中心に活躍した**クラウディオ・モンテヴェルディ**（1567-1643）は、オペラの先駆者たちの理念を引き継ぎ、初期オペラの不朽の名作を立て続けに発表した。彼の現存する最初のオペラ《オルフェオ》（1607年、マントヴァで上演）は、劇内容に適合した様式の多様性、個々の旋律の音楽的・美的バランス、多声部分の緻密に計算された作曲、当時の作品としては珍しく使用楽器を細かく指定して劇展開に変化を与えている点において、それ以前に書かれた作品をはるかに凌駕する。モンテヴェルディは続けて《アリアンナ》（1608年、大部分が消失）を発表して高い評価を受けるようになる。そして、彼は当時のイタリアで最も名誉ある音楽家の地位であったヴェネツィアの聖マルコ大聖堂楽長に任命され、1637年に同地にオペラ劇場が建設されると、《ウリッセの帰還》（1641）、《ポッペアの戴冠》（1642）といった彼の晩年の名作がその劇場で上演された。

## 3. 音楽のルネサンス

　一般的にルネサンス音楽とは、バロック以前の15～16世紀にかけての音楽のことを指す。しかし、真の意味でのルネサンス的運動は、むしろ17世紀すなわちバロック時代に大きなうねりとなって展開される。イタリアでは、ギリシア・ローマ古代芸術を理想とした復興運動（いわゆるルネサンス）が、14世紀にまず文芸の分野で起こり、次いで15世紀に美術へ波及した。音楽の分野で1600年前後に新しい劇音楽が興隆したという現象は、この数百年に及ぶ古代芸術の復興のうねりが16世紀末にようやく音楽にまで及んだということを意味する。

　事実、フィレンツェのカメラータ・メンバーのうちヴィンチェンツォ・

ガリレーイは古代ギリシア音楽の研究に従事した。彼は当時、古代ギリシア音楽に関するあらゆる資料に目を通していた古典学者**ジローラモ・メーイ**（1519-94）と親交があり、そこから大きく影響を受けていた。メーイはギリシア音楽理論の最も難解な部分である旋法の問題について研究をし、《**旋法論** *De modis musicis antiquorum*》（1567-73）を著した。メーイは、同書の第4巻で古代ギリシアの悲劇は、その全体に節がつけられて歌われ、単声でアウロスによって伴奏されて演奏されたという説を述べているが、それが単声と通奏低音によるシンプルなスタイルで劇を進行する初期オペラの構成の理念的・理論的支えとなったのである。つまり、オペラという新たな芸術形式は、古代ギリシア・ローマ文化への関心の覚醒、すなわち文芸や美術で先に興ったルネサンスの精神が、遅れて音楽に影響を及ぼした結果生まれたものであったと言うことができる。もしオペラの出現をもって、新しい時代の始まりであったとするならば、17世紀こそが音楽のルネサンス時代の始まりであったと考える方がむしろ適切であろう。

　古代ギリシアの音楽論は、17世紀において音楽の理論的研究のひとつの重要な基軸となる。フィレンツェでは、**ジョヴァンニ・バッティスタ・ドーニ**（1595-1647）が、メーイとガリレーイの影響を受けてギリシア音楽理論の研究を続けた。ドーニの《**旋法論** *Compendio del Trattato de' generi e de' modi della musica*》は後のギリシア音楽理論の主要な資料となる。その後に続く、**ミヒャエル・プレートリウス**（1571?-1621）、**アタナーシウス・キルヒャー**（1601-80）、**ヴォルフガング・カスパー・プリンツ**（1641-1717）、**ヨハン・マッテゾン**（1681-1764）といったバロック時代を代表する理論家たちも、ドーニやメーイらの書物に基づきギリシア音楽理論について論じることを、重要な課題とみなすようになる。

　しかし、古代ギリシア音楽と西洋音楽の伝統は必ずしも直接的・経時的にはつながっていない。ギリシア音楽理論と17世紀音楽の直接のルーツとの間には、明らかに深い断絶があった。文芸や美術の分野では、遺された古典作品における題材、世界観、人間像などからモチーフや、技法そのものをある程度そのまま模倣することができたが、音楽においてはその断絶のゆえに、古代ギリシア芸術からの模倣は直接的なものとはならなかった。ドーニは、古代ギリシア音楽理論の発掘によってその理念や技法が新しい

芸術の創作に影響を及ぼすことを望んだが[5]、発掘された古代ギリシア音楽理論と当時の音楽技法体系との隔絶は大きく、ギリシア理念が音楽実践へ及ぼした影響は、ギリシア神話の題材を利用すること、朗唱的単旋律を主体として劇を展開すること、曲集のタイトルにギリシア神話の神や国の名称を使用するなどギリシア的なイメージを標題として利用することの3点に限られていた。というのも、文芸や美術と異なり、古代ギリシア音楽の理論を解明してその音楽を再現するという作業そのものが非常に難しい作業であったからである。古代ギリシア音楽の技法的・理論的原理と、中世の間、キリスト教世界で育まれてきた多声音楽の原理は、まったく異なる歴史的脈絡で発展してきた。両者のその距離と断絶が、ルネサンスの理念が音楽へ導入されるのが遅れた一因となったと言うことができるだろう。

14世紀以降の西洋では、キリスト教以前の古代文化に学ぶことにより、**ヒューマニズム**、すなわち人文主義、キリスト教の教条に対峙する人間主体の思想が開花する。そうした人間中心的思想の音楽表現は、音楽ではオペラの出現よりずっと以前に、すでにイタリアのマドリガーレというジャンルによく現れていた。人文主義者ペトラルカやボッカチオの詩に作曲するマドリガーレは14世紀当初から見られるが、16世紀後半になると、真に音楽的な意味でヒューマニズム思想を反映したマドリガーレが現れるようになる。とりわけそのなかで、こうした特徴を最も顕著に表す作品を書いた作曲家は、**カルロ・ジェズアルド**（1561頃-1613）であろう。彼は妻の不倫の現場を押さえてその愛人ともども殺害し、その後逃亡生活を送ったというエピソードをもつことで有名である。彼の音楽は、生々しいまでに感情表出的であり、大胆な不協和音や多彩なリズム変化、言葉のデクラメーションを重視した超越的な技法を用いて、人間の心の奥底に潜む名状しがたい痛みや苦悩、愛、快楽や法悦を鮮烈に描いている。

---

5 Claude V. Palisca (with Patrizio Barbieri), "Doni, Givanni Battista," *GMO*, accessed March 21, 2015.

## 4. 音楽社会史的に見る時代転換の意味——ロックとバロック

　20世紀の音楽学は文化芸術における諸現象の同調性を重視した解釈を行い、それに基づいた時代区分と諸芸術の影響関係を強調してきた。もちろん、芸術の諸現象や作品が互いに影響し合うことは確かである。しかし、そうした影響関係は極めて複雑であり、芸術解釈において個別に見ていく必要がある。実態の明確でない時代精神というものを予め設定して、そこから演繹的に解釈する方法は、歴史現象の適切な理解に必ずしもつながらない。マドリガーレやオペラの興隆は、時代の変化を象徴する重要な出来事であったが、音楽における人文主義的な思想の開花は、他の芸術における同様の現象とは数百年の時間差を経て成就したと言うことができるのである。

　当時の音楽がオペラや新しい種類の音楽一色に塗りつぶされていたわけではない。旧来の書法による音楽もこれまで通りに保たれ、演奏され続けていた。残された音楽資料の量からすると、むしろこれらの新しい種類の音楽は当時実際に演奏されていた音楽のうちごく一部だったと考えられる。しかし、やがてこうした新しい音楽が時代を席巻するようになる。その影響力の大きさからすると、やはり表出的なマドリガーレやオペラの成立は、音楽史における歴史的な転換をもたらしたと言って良いだろう。

　こうした変化が当時の人々にとってどのような意味をもっていたか、あるいは人々がそれをどのように見ていたか、ということを考えようとするならば、現代における近似の現象と比較し、引きつけて考えると分かりやすいように思える。

　少し、唐突に思われるかもしれないが、20世紀のアメリカにおけるロックンロールの出現と、バロック時代の始まりは、とてもよく似ている。まずひとつには、両者とも社会階層的な含意をもっていたということである。ロック音楽は、アメリカ社会における旧来の価値観、すなわち伝統的なピューリタン的倫理観と、古典を重視した西洋の教育システムに支えられたキリスト教徒白人中心社会の構造に対して反発し、それを否定し、破壊

しようとするなかで生じたものである。同様に、バロック音楽の新しい芸術様式は、旧来的な教会支配の構造に対する反発の発露であった。19世紀から20世紀にかけてアメリカで規範とされた音楽はオーケストラ音楽や室内楽、オペラなど伝統的なクラシック音楽であり、ジャズのような黒人社会で行われていた音楽や、カントリー・ミュージックは当然ながら階層をシンボリックに表すジャンルだとみなされていた。ロック音楽はそうしたジャンルの特徴を取り入れつつ発展していった。

ロック音楽の創始者と称えられるエルヴィス・プレスリー（1935－77）の《ハートブレイク・ホテル》（1956）における、言葉の表現に合わせてリズムを止め、言葉の抑揚に合わせていく歌い出しの部分は、バロック時代のレチタティーヴォの歌い方と構造的には同じであるし、単純な旋律を繰り返す構造もバロック初期の新しい様式で好まれたものである。ロック音楽には、技巧化されたクラシック音楽に対するあからさまな反発が見られる。拡声器をふんだんに用い、構築された音楽技法と形式を放棄し、生々しい感情表出とエロチシズムを包み隠さず表現していく。バロック音楽の始まりも、伝統的な構築的技法を放棄し、人間的感情を生き生きと描写することを主眼としていた。また、ロックの音楽的特徴である反復するバス旋律の上に変奏しながら旋律と歌詞を乗せていく手法は、バロック時代に頻繁に用いられ好まれたオスティナート・バス（低音でひたすら繰り返される一定の旋律）上の変奏の手法そのものである。バロック期の音楽家たちは、その初期に出現した言葉を中心とした表出的な様式を、「言葉が音楽（ハルモニア）の最も絶対的な主 Oratio [est] Harmoniae Domina absolutissima」と呼んだ[6]。これは言葉と感情の表出を最重要とした結果、音楽構造が単純化されたものであって、バロック音楽初期の新様式とロック音楽出現の共通性は決して偶然ではない。

新旧様式の対峙という観点から見ても、ロックとバロックの比較は音楽史の転換の構造と意味を理解する手助けとなる。我々は1600年のオペラの

---

[6] この有名な表現はハインリヒ・シュッツの弟子であった**クリストフ・ベルンハルト**（1628－92）によって伝えられている。シュッツは17世紀初期にイタリアの最新の様式をヴェネツィアで学び、それをドイツに伝えた。Christoph Bernhard, *Tractatus compositionis augmentatus* (Mss. [n.d., ca. 1650]), cap. 35, in *Die Kompositionslehre Heinrich Schützens in der Fassung seines Schülers Christoph Bernhard*, ed., Joseph Müller-Blattau (Kassel: Bärenreiter, 1963).

出現をもって時代が新しく転換したように思いがちであるが、旧来の作曲技法も音楽現場においては重要であり続けた。旧来の作曲技法は、**ジョゼッフォ・ザルリーノ**（1517–90）の《**音楽教程** *Le istitutioni harmoniche*》（1558）で体系化されており、この理論は作曲を志す誰しもがまず学ばなければならなかったのである。つまり、旧来の作曲技法すなわち対位法が、標準的な規範であるという考え方はその先100年以上も決して揺らぐことはなかったし、そうした作品も多数作曲され、演奏され続けた。1600年前後に盛んになった新しい音楽様式における作曲の規則の極度の単純化と、奔放な不協和音の扱いに対して、ザルリーノの直弟子であった**ジョヴァンニ・マリーア・アルトゥージ**（1540頃–1613）は強く反発する。その批判に対してモンテヴェルディが反駁する。その際モンテヴェルディはこうした新しい様式は「**セコンダ・プラッティカ（第二作法）**」と呼ばれる新しい作曲の手法であると述べる。この作法は、フィレンツェのカメラータ・メンバーたちが「スティーレ・ラップレゼンタティーヴォ」と呼んだものとほぼ等しいと考えて良いだろう。この様式は、後の音楽理論では「**劇場様式 Stylus theatralis**」と呼ばれるようになる。**クラウディオ・モンテヴェルディ**は「第二作法」が、ザルリーノが理論で示したような多声宗教音楽で用いられた厳格な様式である「**プリマ・プラッティカ（第一作法）**」に対応する、正当な作曲法であると主張するのである。

ロック・ミュージックやそのサブジャンルが興隆し世の中を席巻する20世紀においても、やはり似たような現象が起きている。すなわち、ロックが盛んになったからといって、旧来からのいわゆるクラシックがなくなるわけではなかった。ロック・ミュージックも、既存の社会階層的秩序を破壊しようとする性質を強くもっており、それが当時の保守的な階層から痛烈に批判され排斥されようとした。しかしそれにもかかわらず、この新しい音楽ジャンルは後の時代の音楽創作に持続的なインパクトを与え続けている。

またロック・ミュージック自体も独自の発展を遂げていく。例えば、リッチー・ブラックモア（1945– ）のギター演奏の超絶技巧、ヴィルトゥオーソのジェスチャーは、どこかパガニーニ（1782–1840）やヴィルトゥオーソ期のフランツ・リスト（1811–86）を想起させる。（もっとも、他のポピュ

ラー音楽のジャンルが旧来の伝統と融合しようとしたのに対して、ロックは社会批判的・破壊的であり続けたが。）ロックの先導者たちは必ずしも伝統的なクラシック作曲教育を受けた者ではなかったが、逆に伝統的な作曲教育を受けていたいわゆる「クラシック系の」伝統に属する作曲家たちは、それまでも多くのいわゆるポピュラー音楽からのチャレンジを受けていた。それによって、映画音楽やミュージカルなどの新しいジャンルの音楽が生み出されていく。バロックのオペラも第二作法のみによって成り立ったのではなく、ほどなく第一作法を含む当時のあらゆる様式要素を取り入れながら作品を仕上げていくようになる。それには、それほど時間がかからなかったように、今日においてもロックをはじめとするいわゆるポピュラー音楽とクラシック音楽との境界は次第に曖昧になってきている。バロック時代においても新手法が旧来の作曲法に影響を与え続け、やがて第一作法と第二作法の境界は実践上、意味をなさなくなっていく。

　プレスリーのロックンロールに、先駆けとなった諸ジャンルからの影響という前史があったように、17世紀オペラが成立するに当たっても長い準備期間があった。オペラに関して言えば、それが発祥した当初の直接的な反応のみが注目されがちである。しかし、そこで起こったことが次世代の音楽に及ぼした広範囲の持続的インパクトの方が、むしろずっと重要である。こうした広範囲の持続性こそが、音楽史における時代転換のメカニズムの基本的な構造であると考えられる。芸術は常に新しいものを希求していくが、新しさやこれまでなかったということにのみ注目しようとすると、歴史の本質の理解を見誤る可能性がある。我々が歴史的音楽に触れようとするとき、否応なくその価値判断を迫られる。その判断の際、今日の我々の感覚的・主観的価値判断ももちろん重要である。しかし、我々が自身の感覚だけで判断するならば、それは個々人の単なる感想ということになるだろう。しかし、そうした主観的・感覚的価値判断も、それが歴史のなかにおいて集積されていったとき、それはやがて音楽社会史的なインパクトをもつ現象とみなすことができるようになる。つまり、我々が歴史を見つめるとき、単に新しい現象に目を向けるのではなく、その現象がどのように人々の支持を得て、その感覚のなかで蓄積されていき、意味をもつものとされていったのか、それが相変わらず存続する従来の音楽とどのような

関係性をもっていったのか、そういう観点から歴史を見ていくことが重要である。そういう視点をもつことは、我々の生きている時代を評価することでもあり、我々と音楽の関わりを知り、我々がどのような時代を迎えようとするかを見極めることにもつながることになるからである。

　ロックとバロックの比較を荒唐無稽と思う向きもあるかもしれない。しかし、17世紀初頭に起こった音楽の転換が当時の人々にとってどのようなものであったか、ということを想像する際に、より近い現在においてその影響の持続を我々が直接的・間接的に経験している20世紀後半の音楽の転換と比較することによって、我々はよりリアルに、遠い時代の歴史に思いを馳せ、その現代的な意味を考えるきっかけを作ることができるのではないだろうか。なぜならば、歴史は、過去に起きた出来事そのものを知識として知るだけでなく、それが現在における我々の生に対してどのような意味があるのかということを意識することによって、はじめて意義をなすものだからである。

# 第3章

## 音響理想の転換、あるいはバロック時代のサウンドスケープ

18世紀のヴェネツィア、サン・マルコ広場。後景のドームの建物がサン・マルコ大聖堂。カナレット、ジョヴァンニ・バッティスタ・チマローリの油彩画（個人蔵）。荘厳な教会音楽が演奏された教会の前の広場では、「牛狩り」のショーも行われた。

# 1. バロック時代のサウンドスケープと現代の耳

　序章で、歴史的音楽に向き合うとき、当時鳴り響いた音に思いを馳せていただきたいと述べた。町を行けば、馬が馬車を牽き、車輪が石畳をこすり、馬が嘶く。人々は談笑し、笑い、怒り、悲しむ。通りや酒場ではヴァイオリンやその他の楽器を弾いて日銭を稼ぐ者もいただろう。教会ではオルガンや鐘が荘厳・華麗に鳴り響く、農村では山羊や牛がいて、ベルの音や犬の鳴き声、羊飼いの声が聞こえる。軍隊は折々町を闊歩する。ラッパや太鼓を奏し、祝賀の際には砲弾を放つ。宮廷のオーケストラ音楽は、庶民の日常の音楽では決してなく、もしかすると何らかの機会にそうした音楽を聴くことができたなら、その人は非常な驚きと感動を味わったに違いない。当時はそのような音風景(＝ランドスケープならぬサウンドスケープ)が、そこかしこに広がっていた。

　それに比較して現代の音環境はどうだろう。朝から晩までテレビが家庭では鳴り響く、自動車や電車が騒音を立てて行き交う、町では至る所でスピーカーから音楽が流れてくる。電車の発車メロディー、レストランや商店のＢＧＭと、現代社会は音楽であふれている。いや、そのほとんどは音楽というか、それをコピーして信号化したものである。そしてときにイヤーピースを耳に突っ込んで自分の世界に没頭している人の姿も目立つ。

　音楽というのは人と人を結ぶ一種のコミュニケーションの手段である。外界と遮断された一人だけの音楽の聴き方は、ごく最近の20世紀後期までなかった音楽の聴き方である。録音技術やその通信技術の発達は、人間の音楽の聴き方、音楽との関わり方を根本から変えてしまったと言えるだろう。

　バロック時代の音楽家たちは、今日の我々とはまったく違う人々に音楽を発信していたのであり、当時の人々もまったく違うコンテクストでそれを受け取っていた。そこで人々は音楽に、現代とまったく異なる意味を見いだしていたことは間違いない。

　近代の音楽学は、過去の音楽を歴史資料に基づいて詳細に研究してきた。そして、その資料に基づき演奏家たちは、音楽を作曲家の意図に忠実に再

## 第3章 音響理想の転換、あるいはバロック時代のサウンドスケープ

現するために、作品が成立した時代の演奏法にできる限り従って演奏しようと努力をしてきた。しかし、いくら現代の歴史的知識を駆使して過去の音楽をそのまま再現しようとしても、また仮にそれができたとしても、それを受け取る我々はまったく違う感覚や感受性をもっている。加えて、バッハの音楽を当時聴いた人たちは、モーツァルトやベートーヴェンの音楽を知るよしもなかったが、私たちは無意識のうちにバッハと後の時代の作曲家とを比較しながら聴いてしまうのである。それでは、我々は過去の音楽を所詮、かつての通りには理解できないと考えるべきであろうか。

　20世紀ドイツの最大のと言っても良い音楽学者・音楽美学者の**カール・ダールハウス**（1928-89）は、『分析と価値判断』という論文のなかで、音楽についての価値判断には、機能的・美的・歴史的の3つがあると述べた。機能的価値判断というのは、典礼音楽や社交音楽のように音楽が社会的な機能をいかに満たすかを基準に行われる価値判断であり、美的価値判断とは、19世紀の美学が示した「美の理念」に与るか否かで音楽の価値を判断することである。そして、歴史的価値判断とは、「作曲技法的事象を歴史哲学的記号として読むことである」と彼は述べている[1]。音楽経験によって形成された感覚による良し悪しの判断ではなく、歴史的音楽に触れるなかで人が意識していなかった領域へ想像力を働かせていくことによる美的価値判断と、言い換えても良いかもしれない。私たちは、かつての音楽を創作した人々、それを直接聴いた人々と同じ感覚でその音楽を理解したり感じたり解釈することはできない。しかし、それらを聴くとき、演奏するとき、その時代を生きた人々の聴いたもの、感じたものに思いを巡らせ、想像力を働かせてみることはできる。その想像力と鳴り響く音との間の対話が我々に、大きな感動を与えてくれる。これが音楽の歴史的価値判断と言うことができるだろう。我々は、かつての人々になりきることはできないが、その解釈者になることはできるのである。

　本章では、我々がかつての音楽の良き解釈者となるために、当時鳴り響いた音、とりわけそれぞれの時代で独自の特徴をもつ楽器の音に、思いを馳せてみたいと思う。

---

1　Carl Dahlhaus, *Analyse und Werturteil* (Mainz: Schott, 1970), 19-24.

## 2. 器楽の独立

　マンフレート・ブコフツァー（1910‐55）は、彼の『バロック時代の音楽』のなかでこの時代の特徴として、「器楽の独立」という言葉を用いた。ここでブコフツァー自身は、**ジローラモ・フレスコバルディ**（1583‐1643）や、彼と同時代の17世紀初頭のイギリスで活躍した一連の鍵盤楽器奏者（ウィリアム・バード〔1540頃‐1623〕、ジョン・ブル〔1562/63？‐1628〕、オーランド・ギボンズ〔1583‐1625〕らいわゆる**イギリス・ヴァージナル楽派**の作曲家たち）によって鍵盤楽器独特の技法（音型＝フィギュレーションの反復）と、それに基づく変奏の技法がこの時代に発達したことを、「**器楽の独立**」と呼んでいる。ブコフツァーはイタリアに始まった器楽技法の発達がイギリスに引き継がれ、器楽の独立は最終ステージを迎える、とも述べている[2]。

　しかし、バロック時代の「器楽の独立」は、鍵盤やその他の楽器の演奏技法の面だけでなく、もっと広い意味で考えるべきであろう。本章では、3つの面から「器楽の独立」の現象を捉えてみたい。第一は声楽作品における楽器の重要性の増加、第二は楽器演奏技法の発達、第三は器楽独自の形式の発展（変奏曲、組曲、ソナタ、コンチェルトなど）、この3つの現象である。これら3つの現象はそれぞれが独立した現象ではあるが、互いに深く関連し合ってもいる。これらがあいまって17世紀から18世紀にかけての、サウンドスケープに変化をもたらしてきたと考えられるのである。

　第一の声楽作品における楽器の重用は16世紀終わりから顕著になる。第二の楽器の演奏技法の発達は、実際はバロック前後の時代も含め一貫して、継続している。第三の器楽独自の形式の発展は17世紀後半になってはじめて顕著になると言ってもよいだろう。

## 3. ヘテロフォニアの時代

　声楽作品における楽器の重要性の増加ということについて、まず考えて

---

2　Manfred F. Bukofzer, *Music in the Baroque Era* (New York: Norton, 1947), 43ff. and 73.

# 第3章　音響理想の転換、あるいはバロック時代のサウンドスケープ　49

みよう。

　ドイツの音楽理論家、**ミヒャエル・プレトーリウス**（1571?－1621）は全三巻からなる『音楽大全 Syntagma Musicum』（1614－20）という書物を記す。これは17世紀初期の音楽理論、演奏習慣、楽器に関して知るための今日最も重要な資料のひとつであるが、彼はその第二巻を当時の楽器についての記述に捧げている[3]。それによれば、ヴァイオリン族（ヴィオラ・ダ・ブラッチョ、ヴィオラ・ダ・ガンバ）、トロンボーン族（ザックバット、ポザウネ）、トランペット族（ツィンク、コルネット、ホルン）、リコーダー族、バグパイプ類（ポンマー、シャルマイ）、ファゴット・バッサネッロ類（2枚リード楽器）、リュート類（リュート、テオルボ）、鍵盤楽器（オルガン、レガール、チェンバロ）など実に多彩な楽器が描かれている。

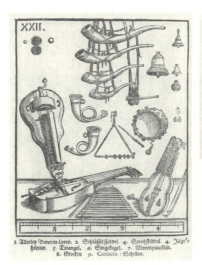
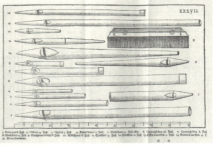

図1、2　プレトーリウス『音楽大全第2巻――楽器事典』の図版。当時のあらゆる楽器が記録されている[4]。

　16世紀までの時代、鍵盤音楽を除けば、これらの楽器をとくに指定した楽曲は、ほとんど存在していなかった。言葉をもたない純粋な器楽のための作品の資料は、15世紀の終わり頃から見られるようになる。16世紀を通じて、あらゆる種類の声楽曲を器楽で演奏することは通常の習慣として広

---

3　ミヒャエル・プレトーリウス『音楽大全』、郡司すみ訳、東京：エイデル研究所、2000年。
4　Michael Praetorius, *Syntagma musicum*, vol. 2: De Organographia（n.p., 1619）, fol. ciii[r].

く行われていた。楽器の使い方は多様で、演奏の現場に任されていた。つまり、合唱を行う際に各声部を楽器で補強する**コッラ・パルテ**の手法で楽器が使われたこともあったし、また、一部のパートを楽器に置き換えて演奏するという選択も自由に行なわれた。もちろん、全声部を楽器で、純粋に器楽曲として演奏するということも非常に頻繁に行われていたことが分かっている。舞踊のための多声の器楽を創作することは16世紀中葉から盛んになっていたが、基本的に声楽と器楽はレパートリーを共有していたと考えても良い。

　下記の図像[5]は、ミュンヘンに保存されている1570年頃のもので、当世きっての作曲家オルランド・ディ・ラッソ（1532-94）を囲む合奏の様子である。中央の鍵盤楽器（ヴァージナルあるいはスピネット）のところにいるのがラッソであるが、そこには20人ほどの歌手の間に、ヴァイオリン、ヴィオラ、ヴィオラ・ダ・ガンバなどの弦楽器、トロンボーン、ツィンク、フルート、ファゴットなどの楽器が見える。多声の楽曲を多種の楽器を重ねて演奏す

図3　オルランド・ディ・ラッソと楽隊

5　オルランド・ディ・ラッソ『七つの告解詩編と主を賛美するモテット』（第2巻）手稿譜のなかの挿絵（ハンス・ミーリヒ画、バイエルン国立図書館蔵）。Lasso, Orlando di, Secundus *Tomus Septem Psalmorum poenite[n]tales alium cum duovus plalmis laudate auspiciis* (Mss., 1565-70). [http://daten.digitale-sammlungen.de/bsb00035009/image_186] この図版の詳しい解説は、ヴァルター・ザルメン『人間と音楽の歴史：16世紀の音楽生活』、東京：音楽之友社、1985年、156-157頁も参照。

## 第3章 音響理想の転換、あるいはバロック時代のサウンドスケープ

る姿が、ここに描かれている。ここでは配置から見ても、楽器族を分けてアンサンブルを整えるのではなく、また楽器のセクションと歌のセクションを分割するわけでもなく、音域に応じて各パートで楽器を歌に重ねて演奏する、あるいはそのパートは楽器だけで演奏する姿が想像できる。すなわち、異種楽器をそのまま組み合わせたヘテロジェニアスな（異種混合的な）音響がここに響いていたことが分かる。音響的にはこれを、**ヘテロフォニア**と呼んで良いであろう。多彩な楽器が、可能性と必要性に応じて選択されていたことが分かる。

モンテヴェルディは彼のオペラ《オルフェオ》(1609) のなかで、こうしたヘテロフォニア的響きを、物語の状況に合わせて使い分ける効果を編み出した。当時の楽譜に楽器が細かく指定されることは稀であると先に述べたが、彼はこれをかなり子細に指定している。

モンテヴェルディは、チェンバロ2、コントラバス2、ヴァイオリン10、二重弦ハープ1、フランス風ピッコロ・ヴァイオリン2、キタローネ2、ポジティヴ・オルガン2、ヴィオラ・ダ・ガンバ3、トロンボーン4、レガール1、高音トロンボーン2、フルート1、ミュートつきトランペット3と高音トランペット1という楽器を指定している。今日、楽器と演奏習慣研究に基づいてこれらの楽器を用い、その音響を再現した録音や録画がいくつも制作されており、この音響を我々は詳細に知ることができる。彼の印刷版スコアを詳しく見てみると、すべての部分に楽器指定がなされているわけではないが——それは当時の習慣に従って演奏者たちが判断することであった——、要所要所でその音響的効果を指示しているのは興味深い。例えば、第三幕で妻エウリディーチェを救うために黄泉国の淵にまで来たオルフェオに対し、その淵の番人であるカロンテが「汝、死す前にこの淵に来る者よ、ここへ入るべからず」と言う場面では、レガー

**STROMENTI.**

Duoi Grauicembani.
Duoi contrabaſſi de Viola.
Dieci Viole da brazzo.
Vn Arpa doppia.
Duoi Violini piccoli alla Franceſe.
Duoi Chitaroni.
Duoi Organi di legno.
Tre baſſi da gamba.
Quattro Tromboni.
Vn Regale.
Duoi Cornetti.
Vn Flautino alla Vigeſima ſeconda
Vn Clarino con tre trombe ſordine.

図4 モンテヴェルディ《オルフェオ》スコア (1609) のなかの楽器一覧

譜例1　モンテヴェルディ《オルフェオ》スコア（1609）。カロンテの「汝この淵に来たる者」の前には「カロンテ、レガールの音に合わせて歌う」との指示がある。

ルという鍵盤楽器が通奏低音として用いられる（上の譜例1を参照）。レガールという楽器は1枚リードのパイプからなるオルガンで、鋭く重々しい響きがする。牧人たちの歌で、澄んだポジティヴ・オルガンと低音のリュートであるキタローネが組み合わされるのとは対照的である。

　こうしたヘテロフォニアの音響理想は、イタリアのヴェネツィアの栄華を飾った**ジョヴァンニ・ガブリエーリ**（1554から57頃－1612）の音楽にも見ることができる。彼は《宗教的シンフォニア集》（1597）という作品集を出版する。これらは、独立した器楽声部をもった6声から16声よりなる声楽曲、8〜12声のカンツォーナやソナタなどの器楽アンサンブル曲を含む作品集である。二重合唱、三重合唱、四重合唱までを含んでおり、極めて多彩で華やかなスタイルの音楽である。スコアだけを見ると、この曲集はア・カペラ合唱曲と、器楽曲に分かれているように見えるが、実際は種々の楽器を重ねたり、ある声部群をトランペットやトロンボーン、あるいは弦楽器の合奏に置き換えたり、さまざまな創意工夫がなされていた。こうした複合唱のスタイルは、彼が勤めた**ヴェネツィアのサン・マルコ大聖堂**の建築の形状を利用していたと考えられている。階上のバルコニー部分に複数の合奏隊・合唱隊を分割して配置し、音の立体効果を狙っていたのである。

　私は2013年に、国際ハインリヒ・シュッツ協会のヴェネツィア大会で、

## 第3章 音響理想の転換、あるいはバロック時代のサウンドスケープ

協会が同聖堂を借り切って、シュッツやガブリエーリの複合唱作品をブレーメンのマンフレッド・コルデス率いるアンサンブルが演奏するのを聴いた。このような機会は滅多にないことなので、非常に楽しみにし、期待をしてそこを訪れた。残響が多い空間で離れたところで演奏するため、普段はお互いをよく聴き合って演奏することを訓練されている演奏家たちに、お互いを聴かないで演奏するようにという逆説的な指示をしなければならない、なかなか困難な演奏現場だったと、コルデス氏は語っていた。その演奏の水準は非常に高くすばらしいものであった。しかし残念ながら、複合唱の多重的音響効果を聴きたいと思っていた私を含む多くの聴衆には期待外れのものであった。というのも、サン・マルコのバルコニーは祭壇の左右にあり、祭壇の上にドームがある形状になっている。会衆席はドームの後方にあるため、ドームから離れた会衆席では音が混ざってしまい、複合唱の音響的効果はあまり感じられなかった。おそらくドーム真下の祭壇では、立体的な音響が鳴り響いていたに違いない。しかし、そこは当時も今も聖職者や身分の高い人々しか座ることができない場所である。二重合唱の文化はガブリエーリの弟子たちによってアルプスの北側に広げられるが、中・北部ドイツのようにオルガンやバルコニーを会衆席後方や左右翼に配した形状の建築の方が、おそらくより効果的な音響を生んだものと考えられる。

　ここで、シンフォニアという言葉について、少し触れておこう。この時代のシンフォニアは、後の時代のシンフォニアあるいはシンフォニー（交響曲）のように楽器だけの音楽を指したわけではない。この言葉は文字通り、音（phonia）を統合（sym-）したもの、すなわち多様な音の統合という意味合いがあり、声楽と器楽の統合、さまざまな音または音色の統合された音楽が　シンフォニアと呼ばれた。それは器楽、声楽に限らなかったのである。シンフォニアに近い意味の言葉として、**ムジカ・インストゥルメンターリス**［Musica instrumentalis］という言葉も理論や実践においてよく使われた。奇妙に聞こえるかもしれないが、この言葉は器楽、すなわち楽器だけで演奏される音楽を指すわけではなかった。ほぼ17世紀の終わりくらいまでこの言葉は、「楽器を使って演奏すること」という意味で使われており（つまり器楽曲や器楽作品ではなく楽器で演奏するという行為を指す）、

声あるいは歌詞を含む音楽に楽器を加えて演奏することもムジカ・インストゥルメンターリスであった。ヘテロフォニアの音響理想は、これらの言葉の意味にも反映されていたのである。

　16世紀半ばに至ると、宗教音楽においても、独立した楽器声部を含む声楽曲が多く書かれるようになる。その楽器使用法のモデルを提示したのは、やはりモンテヴェルディであった。

　また、ガブリエーリの弟子で、後にドイツのドレスデンで活躍する**ハインリヒ・シュッツ**（1585－1672）は、師の例に倣い、《宗教的シンフォニア集》（第1巻1629年、第2巻1647年、第3巻1650年）というタイトルの作品集を出版する。これらは、すべて独立した楽器声部を含んでいる。シュッツもヴェネツィア留学で学んだ多彩な楽器の使用法を自身の楽曲のなかに組み込んでいるのである。シュッツはさまざまな形態の楽器つきの作品集を長期にわたって生み出そうとしている。おそらく、楽器と声の有機的な組み合わせはシュッツの作曲におけるひとつのライフワークであったとも考えられる。もっともシュッツは、多くの楽曲で、楽器の部分に「補完の楽器 Complementum Instrumentum」とか「使用可能であれば si placet」という言葉を添え、その使用は「任意 ad libitum」としている。シュッツの場合、二重合唱曲でさえ、第2、第3の合唱隊が「任意」となっていることがある。訓練された歌手たちが担当する主要声部群を中心とし、場合に応じて楽器や追加の声部を加えることができるとしているのは、当時のそれぞれの演奏現場の事情やそこでの習慣を考慮してのことと思われる。シュッツの場合、それらの任意声部を含む曲は音響効果のみに頼らないで、核の声部を残せばそれ自体で完璧に音楽的に成立するように書かれている。我々の時代においては、作曲家が目指した芸術を作曲家の理想のかたちで演奏するのが最も良いと考えるのが常識となっている。しかし、シュッツの作品は、個々の現場でその状況に適した選択がなされることを前提として、さまざまなオルターナティブが示唆されている。それを良しとするその柔軟性はいっそう彼の作品を魅力的なものにしている。音響効果のみに頼らず、音楽的骨格・土台はしっかりと作り上げたうえで、それを彩るために、さまざまな多様な響きを加えることができるようにされたシュッツの音楽の設計図は、彼の並外れた作曲の技術を証している。

## 4. 音響理想の変化——声楽・器楽アンサンブル音楽

　これまで述べてきたように17世紀初期は、それ以前の声楽中心の書法に楽器の音響を臨機応変に加えたヘテロジェニアスな音響を理想としていた。ところが、17世紀後半になると次第に、弦楽中心のホモジェニアス（同種・同質の）な音響へと理想を移していったように思われる。すなわち、ヘテロフォニアからホモフォニアへの転換である。

　これは上で述べた「器楽の独立」の第二の現象である楽器演奏技法の発達ということと密接に関係している。シュッツの音楽を含めそれ以前の声楽曲にしても、器楽曲にしても（鍵盤楽器を除けば、であるが）、楽器声部と声楽声部の書法の区別は、それほど顕著なものではなかった。この時代（理念的には後の時代もそうなのではあるが）、器楽声部はあくまで補助的で、声楽声部を完全に模倣することを理想としていた。つまり歌のデクラメーションやアーティキュレーションをできるだけ忠実に模倣し、あたかも言葉を発するかのように表現することが最も良い演奏と考えられていたのである。

　ホモフォニア、すなわちホモジェニアスな音響を理想とするということは、フランス風序曲やイタリア風コンチェルト、ソナタといった器楽の新ジャンルの発達に表れている。

　17世紀初頭のフランス王宮内では、「国王の24人のヴァイオリン合奏団 Les Vingt-quatre violons du Roi」が組織されていた。これには12人の管楽器合奏者［Grands Hautbois］が加えられることがあった。以前は声楽声部を強化するために臨機応変に楽器を加える、あるいは声楽曲をそのまま楽器に置き換えて演奏するという習慣が中心であったのだが、音色ごとに組織された器楽合奏隊が設立され、ホモフォニアの音響へと理想が転換したと言って良いだろう。これらの組織が演奏したのは、フランス王宮内におけるバレ・ド・クール（宮廷バレエ）と呼ばれた舞踊、歌、器楽、詩読、パントマイムなどが一体となった行事においてであった。その後、このバレエは次第にオペラへと置き換わっていく。宮廷バレエやオペラのなかには序曲や舞曲などの独立した器楽がふんだんに含まれるようになる。楽器は

5声部の弦楽器を主体とした音響を基本としている。管楽器を導入するときは、音量の変化・拡大の効果を狙う場合で、その使い方は基本的に、古い習慣のようにコッラ・パルテの手法で声楽声部と重ねたり、異種の音色を混合するのではなく、それらをソロあるいは独立した音色群として使う音響設計がなされている。この様式を確立したのは、ルイ14世時代の王の**作曲家ジャン＝バティスト・リュリ**（1632−87）であった。彼の音楽およびそのスタイルは、18世紀中葉まで絶大な影響力を誇るようになる。

　一方、イタリアでは、楽器の独特のイディオム（音楽語法・奏法）を追求しようとする動きが盛んになってくる。ヴァイオリン製造と演奏技術の発展の中心は、イタリアであった。その動きは17世紀頃から顕著で、ヴァイオリン製造の一大拠点は、モンテヴェルディの生地クレモナであり、この伝統のなかで生まれ育ったモンテヴェルディが楽器独特のイディオムを重視した作曲を目指したのは、自然なことだったと言えるだろう。その後もヴァイオリン演奏の伝統はこの地で確実に醸成されていくことになる。

　そのなかで傑出した足跡を残し、後世のヴァイオリン演奏のひとつの礎を築いたのは、**アルカンジェロ・コレッリ**（1653−1713）ということができる。コレッリの作品は出版によって広まっていくが、その重版回数は当時の他の作品に比べて突出して多く、当時におけるその影響力の大きさがうかがわれる。コレッリの《ヴァイオリン・ソナタ》作品5（1700年出版）は、彼以前の時代に作曲されたヴァイオリン音楽のレベルをはるかに超えた演奏技術を要求している。すなわち、頻繁な跳躍や、走句（16分音符などの細かい音価による音階奏法）、分散和音などによる快速なパッセージ、重音奏法など、難度の高いテクニックが余すところなく使われている。これらの音楽語法（イディオム）は、声楽では不可能もしくは極めて困難な器楽独特のものであった。ずっと後のパガニーニなどのヴァイオリン音楽を知っている今日の我々からすると、コレッリのヴァイオリン演奏技法はそれほど難しいものに聴こえない。しかし、人間の身体的技術であるヴィルトゥオーソ的な演奏技法は、どこかに限界はあるとしても、時代が下るとともに一貫して向上する性質のものである。それは、オリンピックにおける体操やスケート競技を見れば明らかだろう。かつてウルトラCと呼ばれた技が、時代とともに、選手であれば誰でも可能な陳腐なものになって

いき、現在ではE難度、F難度などと呼ばれる、より困難な技が要求されるようになるのと同じである。いずれにしても演奏技法の発達は、コレッリ以前の時代からその後の時代にかけても継続して進行した。

　もっとも、コレッリの作品はこうした高度な器楽的演奏技術にだけ依拠しているわけではなく、声楽的なパッセージをもふんだんに含んでいる。とりわけ、アダージョなどの表示が行われた楽章には、声楽のレチタティーヴォを模したような装飾をふんだんに行うことが想定された、甘美な旋律が織り込まれ——もっとも、装飾の方法は基本的に演奏者に委ねられており、必ずしも細かく指示されているわけではないが——それが楽曲全体の絶妙なバランスを整えている。

　ついでに言えば、楽曲にテンポの指示をするようになったのは、コレッリの時代からである。前時代においては、楽曲のテンポはおもに拍子記号によって示唆されていた。例えば、C で記された拍子が ¢ になった場合、基調の拍が ♩ から ♩ となりテンポは速くなるといった具合である——¢ の拍子は ♩（ブレヴィス）を基本拍とするところから「アッラ・ブレーヴェ」とも呼ばれる——。しかし、コレッリを含むイタリア・ヴァイオリン音楽は、グラーヴェ、アダージョ、アレグロ、ヴィヴァーチェといった言葉で発想表示を行うことによって、テンポを表すようになった。これらは、ドイツなどでは18世紀に入るくらいまで一般化しておらず、新しい演奏技術とともに広がっていった。人々はこれらをモダンで新鮮なものと感じたようである。

## 5. 器楽形式の独立

　音響理想がヘテロフォニアからホモフォニアに変わっていくにつれて、同時進行していったのが、器楽が独立した音楽形式をもつようになっていったことである。これが、上に述べた「器楽の独立」の第三の事象である。フランスでは先に述べたように、弦楽中心のオーケストラが確立し、そのための独立した音楽形式が生まれていた。すなわち、バレエの伝統を汲む、舞曲をセットにした**組曲**である。組曲は、**序曲（ウヴルテュール）**と呼ばれる、荘重な開始部と模倣技法からなる比較的軽快な部分が続く形式で始

まり、その後に、緩急さまざまなテンポと奇数・偶数のさまざまな拍子によるいくつかの舞曲楽章が続く形式である。舞曲には時代によって流行りすたりがあり、そのサイクルは比較的短かった。しかし、いずれの種類の舞曲も決まったステップを反映し、それぞれが音のジェスチャー（身振り）をもっていた。2小節、4小節、8小節の単位を積み重ねた旋律を基調とし（これを段落構造または楽節構造という）、多くの場合、前半・後半がそれぞれ繰り返される構造、すなわち二部分形式の構造を取っている。歌詞を反映する必要がないので、舞曲はもともと言葉から独立したものであった。そして、言葉から独立したこの形式が、やがて踊りのための音楽というその機能からも独立することになる。舞曲のジェスチャーを使いながらも、踊りを想定しない、純粋に音楽的な発想と創意を試みる舞台として、組曲は、フランスを中心として独自の歩みを始めるのである。

　一方イタリアでは、弦楽を中心とした響きを理想とするようになってから、その響きを前提とした器楽独特の形式が生み出される。いわゆる**コンチェルト・グロッソ**の形式である。コンチェルト・グロッソとはコレッリが出版した最後の曲集である作品6で採用した名称であるが、より高度な演奏テクニックを要するソリスト集団（コンチェルティーノ）と、比較的簡単なパッセージをより厚みのある編成で演奏する集団（リピエーノ）との交代によって作り上げられる形式である。コレッリの場合は、2つの集団の演奏様式的な差は比較的小さく、トリオ・ソナタの一部分を音響的に拡大するといった性格が強い。しかし、この音響のもつ可能性をさらに引き出したのは、**アントーニオ・ヴィヴァルディ**（1678-1741）だと言って良いだろう。ヴィヴァルディは、イタリアで徐々に開発され、コレッリによって高みに達した楽器独自のイディオム奏法に、音響の構造化という原理を持ち込み、その原理を用いてさまざまな創意工夫を凝らした作品を生み出していった。ヴィヴァルディは600あまりのコンチェルトを残しているが、そこでは、より厚みのあるリピエーノ集団が、リトルネッロと呼ばれる一定の印象的なパッセージを反復し、その合間にソリストらがさまざまな技巧的パッセージの演奏を繰り広げていく。音楽形式において常に重視される多様性と統一性のバランスを、音響的な要素を取り入れながら作り上げていくのである。「四季」のさまざまな自然描写で有名な《調和と創意の試

## 第3章 音響理想の転換、あるいはバロック時代のサウンドスケープ　59

み》作品8は、楽器のイディオムとホモフォニア的音響の構造化が見事に達成された作品である。しかも、その構造化の方式はすべての楽章で異なっている。その多様性が、作品全体として統一的に感じられるのは、「四季」の場合、春夏秋冬という各曲につけられた標題のなせる技である。楽器のために構成された形式の音楽に、自然描写的な要素と標題を加え、詩的なイメージを方向づけて聴き手に受容させるという手法は、後の19世紀のロマン主義美学の先駆けともなると言って良いだろう。

　バロック時代を楽器という観点から見ると、種々の楽器が混成された前時代から、やがて弦楽器を中心として構成される音響へと、音楽の方向性が移り変わっていったと言うことができる。非常に概括的に、大まかに見ればそのように言うことができるのであるが、そこには常にチェンバロまたはオルガンという異種の音響が通奏低音として加わっていたことを忘れてはならない。もちろん、種々の管楽器、ツィンクやオーボエ、トランペット、トロンボーン、ホルンなども、より大きな編成の音楽を構成する場合には重要な音響要素であった。

　ヨハン・ゼバスティアン・バッハは、若き日にヴィヴァルディのイタリア協奏曲の様式に出会い、この音楽におそらく熱狂的に興奮した。というのも、彼はいくつものヴィヴァルディの協奏曲をオルガンやチェンバロに編曲しており、また、彼の初期の協奏曲にはヴィヴァルディの影響がくっきりと刻まれているからである。しかし、彼が後の時代に作曲した**《ブランデンブルク協奏曲》**(BWV 1046–51) はそうしたイタリア風のコンチェルトとは明らかに異なっている。彼は若い時期に学んだヴィヴァルディ風コンチェルトを、そのまま受け入れるのではなく、それに新たな音響的実験を加えている。すなわち、弦楽器の統一された音響（ホモフォニア）と異種混成の音響（ヘテロフォニア）との対照性を意識した編成を試みたである。すなわち、バッハは同曲の第1、2、4、5番では、トランペット、ホルン、オーボエ、ファゴット、リコーダー、フルート、ヴァイオリンと、弦楽のリピエーノをさまざまな形で対照させ組み合わせており、第3、6番は弦楽のみによるアンサンブルとなっている。第1番では最も華やかに混成の響きを発揮する編成としたのに対して、第6番では意図的に高音域のヴァイオリンを省いた弦楽器のみの編成となっている。コレッリ、ヴィヴァル

ディを経て、さらに同時代のイタリア、ドイツ、フランスに広がっていったイタリア風コンチェルトのスタイルは、とくにヴァイオリン、あるいはおもにフルートといった独奏に適した楽器特有のイディオム（音楽語法）を開発し、演奏の技巧を発揮するというものであった。そのようなある種パターン化されたコンチェルトは、多数の作曲家によって書かれ、人気を博していた。しかし、バッハは明らかに、それとは異なる道を進もうとしていた。《ブランデンブルク協奏曲》でバッハは、かつて主流であった異種混合の音響的構成原理を今一度復活させようと試みているようにも思える。この作品ほど、楽器の音響や音域を組み合わせて多彩な可能性を引き出そうとし、かつそれらが体系化されて編纂された作品は、同時代の他の作曲家の作品に類を見ることができない。

　しかし、バッハのこのような非凡な試みが時代のトレンドとなることはなかった。そしてやがて時代は、協奏原理を用いて諸楽器を対照させるよりも、基調となる弦楽合奏に、管楽器を付加的に重ね合わせて全体としての音量と荘重さを重視する、シンフォニー（交響曲）の時代を迎えることになる。

# 第4章
## すべては鍵盤楽器の上で起こった
### ―音組織・音律・調律技法を巡って

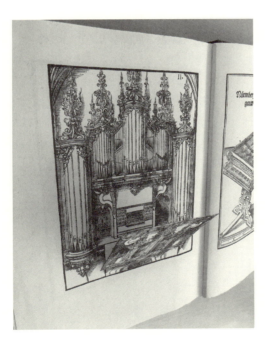

プレトーリウス『音楽大全第2巻――楽器事典』のオルガンの図。演奏者の背中側にあるリュックポジティフの部分の絵をめくると演奏台が見えるようになっている。

# 1. 音楽史における鍵盤楽器——音認識の範囲の拡大

　西洋音楽の最も大きな特徴のひとつは、音を体系的・科学的・理知的に把握し、その知識体系に基づいて、音を組織化する多声の作曲の技法が高度に発達したということである。その媒介として、歴史的に常に中心にあったのが、鍵盤楽器であった。鍵盤楽器は、音組織を視覚的に表すツールであり、音の理知的世界と人間の身体を結びつけるものでもあった。聖歌の歌唱を補助するためにもともと教会などで使われていたオルガンは、当初は全音階（ダイアトニック音階すなわちハ長調の「ド－レ－ミ－ファ－ソ－ラ－シ」）に加えて「シ♭」だけしかもたないものであったが、それにやがてその他の派生音（ピアノの黒鍵に相当）の鍵盤が加わっていく。鍵盤楽器の鍵盤数は歴史のなかで一貫して拡大される方向に向かっており、それが人間の音に関する認識能力を拡大し、より複雑でより組織化された多声の楽曲を生み出す原動力となったことは間違いない。さらに言えば、鍵盤楽器は常にその時代における最先端のテクノロジーを使って製作されてきた。古くは、ギリシア時代にヒュドラウリスという鍵盤楽器が存在したが、それは当時の技術の粋を集めたものであった。オルガンの製作技術は中世末期以降、バロック時代にはほぼ完成の域に達していたと言うことができる。

　鍵盤楽器の発展と変化は、決して鍵盤音楽だけに影響を及ぼしたわけではない。音楽の作曲のあり方、演奏のあり方、ひいては楽器製作のあり方全般に影響を及ぼしている。というのも、鍵盤楽器は西洋の音楽実践において、常に中心にあり続けた楽器だからである。バロック時代に、鍵盤楽器の発達と変化に伴って起こった最も大きな変化はおもに２つある。ひとつは旋法から調性への移行であり、もうひとつは器楽的な発想が作曲の重要な原理となり、それに基づいて音楽の諸ジャンルが形成されていったということである。

# 2. バロック音楽は調性音楽か

　我々は、多くの場合、バロック音楽を現代の調性音楽のシステムのなか

# 第4章 すべては鍵盤楽器の上で起こった―音組織・音律・調律技法を巡って

で理解しようとしている。バロック時代のほとんどの音楽の音組織は現代の調性音楽の知識、楽典の知識があれば理解できる。調性音楽とは、基本的に長調と短調2種類の調があり、それぞれが1オクターヴ内の12の音すべての上で成立する音のシステムであるが、楽譜を見る限りでは、バロック音楽がそれを逸脱していることはない。

しかし、よく見てみれば、バロックの作曲家が選択した大部分の調は、フラットかシャープが1つか多くても2つまでで、イ長調やその平行調の嬰ヘ短調が選択されることは極めて稀であった、ということに気がつくだろう。ましてや、シャープやフラットが4つ、5つの調の作品は皆無ではないが非常に稀であった。バッハの《平均律クラヴィーア曲集》があるではないか、と言われる方もいるだろう。しかし、これは非常に類い稀な、いわば「前衛の」音楽であった。

バロック時代の楽譜を見ていて、明らかにニ短調なのにフラットの調号がなかったり、明らかにト短調なのに本来2つあるはずのフラットの調号が1つしかなかったりする楽譜に遭遇した経験はないだろうか。これには当時の音システムに関わるもう少し複雑な事情が背後に存在している。

バロック時代の音楽を知るために、この時代に起きた旋法性から調性への変化の重要性について理解する必要がある。この変革に伴って、音組織のあり方が根本的に変わり、そして、その変化は、音律・調律法の変化をもたらした。表面的には現代の西洋音楽理論と変わらなく見えるこの時代の音楽の背景にある、現代とまったく異なる音に関する根本的な違いを理解するためには、多少入り組んだ音楽理論の原理を説明しなければならず、それを理解するためには、多少の集中力と忍耐力、そして若干の数学的頭の体操を必要とする。

多くの音楽史の教科書は、この問題を音楽理論という別分野の問題と捉え、あまり深入りして説明しようとしていない。しかし本書で強調したいのは、古い旋法性から調性への変化の完成はバロック時代に起きた本質的変革であり、それを支えた鍵盤楽器の調律法の変化は、当時の音楽の響きそのものの根幹に関わる極めて重要な問題である、ということだ。

そこで、本章ではこの問題を少し踏み込んで説明したい。この話をはじめて聞く読者諸氏は分かりにくい印象をもたれるかもしれないが、段階を

踏んで読み進めれば理解できるように、本質的な内容を順序立てて書いている。だから、ここから先の部分は速読しようとせず、ゆっくりと読み進めていっていただきたい。

## 3. 17世紀の楽典の基礎

17世紀において音階や調といったことに関する基礎教育はどのように行われていたのであろうか。少なくとも、17世紀の間はすべての半音を中心音として長調と短調が成立するとは教えていなかった。その基礎知識の根幹にあったのは、中世以来の旋法の理論である。そして、旋法性は18世紀半ばくらいまで、人々の音に関する感覚の根底に存在し続けていた。現代の我々の常識では、長・短調が存在し、それらは自在に転調できる。それを前提とした音楽に慣れ親しんだ我々と、旋法を聴き分ける訓練からまず始めた当時の人々とは、音楽の聴こえ方はまったく異なっていたと考えられる。

**旋法**とは、上記の**全音階**（**ダイアトニック音階**すなわちハ長調の「ドレミファソラシ」）上で旋律を形成するシステムである。各旋法の中心音（あるいは主音）になりえたのはドからラまでの6音で（シを中心音とすることは通常ないとされていた）、それら6つそれぞれの中心音に対して、それぞれ音域の異なる正格・変格2種類の旋法があったため、理論的には合計12の旋法があった。

例えば、レの音を中心音とする旋法はドリア旋法と呼ばれ、中心音レを起点に1オクターヴ上のレまでの音域を使う旋法を正格ドリア旋法、中心音をレとしてその下のラから上のラまでの音域を使う旋法を変格ドリア旋法と呼んだ。しかし、多声音楽においては、すべての声部を決まった音域範囲内に留めることは不可能であるから、正格と変格の区別は、17世紀までにはほとんどなされなくなっていた。

当時の音楽基礎知識としては、ダイアトニック音階には**カントゥス・ドゥルス**［Cantus durus］と**カントゥス・モリス**［Cantus mollis］2種類が存在すると教えられていた。（ここに、今日のドイツ語の長調 "Dur"、短調 "Moll" の語源であるラテン語の "durus" という言葉と "mollis" という言葉

## 第4章　すべては鍵盤楽器の上で起こった―音組織・音律・調律技法を巡って　　65

が含まれるが、この言葉は長短調の対立を示唆するものではない。）カントゥス・ドゥルスとは ドーレーミーファーソーラーシ（あるいは c-d-e-f-g-a-b♮ ここでは分かりやすくするためにドレミの音名を用いるが、現代の楽典における相対的な移動ドを表すものではない）の音階であり、カントゥス・モリスは ドーレーミーファーソーラーシ♭（c-d-e-f-g-a-b♭）の音階である。つまり、ドゥルス（硬い）、モリス（柔らかい）という言葉は、音階上のシ（あるいは b の音に）硬い b を用いるか、柔らかい b を用いるかということで区別される。カントゥス・ドゥルスを用いるときは楽譜の音部記号の横に何も記入しないが、カントゥス・モリスを用いるときは音部記号のシ（あるいは b）に当たる部分に♭記号が記入された。

　カントゥス・ドゥルス上では、シを除くすべての音を中心音とすることができた。カントゥス・モリス上ではミを除くすべての音を中心音とすることができた。（なぜ、カントゥス・ドゥルス上のシとカントゥス・モリス上のミが中心音になりえなかったかといえば、終止和音においてそれらの音を根音として三和音を鳴らそうとすると、五度上で減五度の音程を生じてしまうからである。この音は三全音もしくはトリトヌスと呼ばれ、最も不協和な音程と考えられていた。）

　ドリア旋法はカントゥス・ドゥルス上ではレを中心音として レーミーファーソーラーシ♮ードーレ の音階で成り立つ。ドリア旋法はまたカントゥス・モリス上では、ソを中心音として ソーラーシ♭ードーレーミーファーソの音階で成り立つ。ここで示した音階はいずれも、全音と半音の位置関係が一致する（全半全全全半全）。フリギア旋法は、カントゥス・ドゥルス上ではミ、カントゥス・モリス上ではラを中心とする。ここで成立する旋法と音階の関係をすべて表にすると、下記の表１のようになる。

　17世紀から18世紀初頭までの作品名において、トッカータ in D、リチェルカーレ in G のように中心音だけが記されていることがよくある。これをトッカータ ニ短調とか、リチェルカーレ ト長調と訳しているのをしばしば見かけるが、それは厳密に言えば誤りである。In D と表示されており、調号が何もついていないときは、それはレを中心音とするドリア旋法で書かれているという意味であり、調号としてシに♭がついているときは、レ

| 中心音 | レ d | ミ e | ファ f | ソ g | ラ a | シ♭/♮ b♭/♮ | ド c |
|---|---|---|---|---|---|---|---|
| カントゥス・ドゥルス (♮) | ドリア | フリギア | リディア | ミクソリディア | エオリア | − | イオニア |
| 音階 | d-e-f-g-a-b♮-c-d 全半全全全半全 | e-f-g-a-b♮-c-d-e 半全全全半全全 | f-g-a-b♮-c-d-e-f 全全全半全全半 | g-a-b♮-c-d-e-f-g 全全半全全半全 | a-b♮-c-d-e-f-g-a 全半全全半全全 | − | c-d-e-f-g-a-b♮-c 全全半全全全半 |
| カントゥス・モリス (♭) | エオリア | − | イオニア | ドリア | フリギア | リディア | ミクソリディア |
| 音階 | d-e-f-g-a-b♭-c-d 全半全全半全全 | − | f-g-a-b♭-c-d-e-f 全全半全全全半 | g-a-b♭-c-d-e-f-g 全半全全全半全 | a-b♭-c-d-e-f-g-a 半全全全半全全 | b♭-c-d-e-f-g-a-b♭ 全全全半全全半 | c-d-e-f-g-a-b♭-c 全全半全全半全 |

表1 旋法と音階の関係

を中心音とするエオリア旋法という意味である。

　このようにして見ると、調性システムのハ長調の音階はカントゥス・ドゥルスのイオニア旋法と、ヘ長調はカントゥス・モリスのイオニア旋法と一致する。また、イ短調はカントゥス・ドゥルスのエオリア、ニ短調はカントゥス・モリスのエオリアと一致する。そして、カントゥス・ドゥルスとカントゥス・モリスの関係は、ハ長調をヘ長調に、イ短調をニ短調に移調するときの関係と同じである。このように見ると、旋法のシステムから調性のシステムに移行する際に、エオリア旋法とイオニア旋法が残って、それぞれ長調と短調に移行したと見ることも可能である。

　しかし、実態はそうではない。エオリア旋法とイオニア旋法以外にも、ドリア旋法やリディア旋法は比較的好まれて用いられていた。ただし、旋

## 第4章 すべては鍵盤楽器の上で起こった―音組織・音律・調律技法を巡って

法のシステムを使っていても、音楽の流れのなかで本来の音に臨時記号を用いて、短三和音を長三和音に変化させる、あるいは旋律の終止部分で終止に向かう音を半音上げて終止感を強めるような措置はよく行われていた。このような、旋律や和音の調整のために、臨時記号を用いて音を変位させることは、中世以来「ムジカ・フィクタ」と呼ばれていた。このムジカ・フィクタ的変位は、作曲の過程、また演奏の過程で比較的自由に選択することができた。そして、それは常に三和音をいかに響かせるかという音楽的な判断によってなされていた。

　カントゥス・ドゥルスのドリア旋法とカントゥス・モリスのエオリア旋法の違いは、第6音の高さが半音違うだけである。両旋法とも実際の音楽においては、終止音に向かう第7音の音を半音高くするということはよく行われていた。しかし、エオリア旋法においては、第7音だけを半音高くすると第6音と第7音の関係が増二度となり、これは不協和でかつ旋律内で用いることが禁止されていたため、それを避けるために第6音も半音上げるということがよく行われていた。第6音と第7音を両方とも半音上げたエオリア旋法は、第7音（導音）だけを半音上げたドリア旋法と形としてはまったく等しい。

　このようにして、旋法同士の特徴の違いはやがて薄れていく。最終的に、長調と同じイオニア旋法と、短調と同じエオリア旋法が残ったのではなく、中心音上に形成される和音が長三和音の旋法（すなわち、リディア、ミクソリディア、イオニア）と、中心音上に形成される和音が短三和音の旋法（すなわち、ドリア、フリギア、エオリア）が、それぞれ長調（あるいは長旋法）および短調（あるいは短旋法）に集約していったというのが歴史的な実態であったように思われる。いずれにしても、旋法的な音感覚は17世紀を通じてかなり顕著であり、18世紀に入っても相当長い間残っていた。

　例えば、ある曲がミを根音とする短三和音を中心和音として始まり、その後の経過を経てレを根音とする短三和音の領域へ移って終止したとする。そのとき人々は、おそらく音階そのものの組織が変化した（つまり転調した）、と捉え・感じたのではなく、旋法の変化と理論的に捉えられ、そのように聴取されたと考えられるのである。というのも、遠隔調へと自在に転調し、調的緊張関係のなかで曲を構成していくという、18世紀後半から主

流となる構成原理は、まだその萌芽しか見ることができないからである。

　調性音楽は転調の可能性が無限にあり、調性の推移を巡って緊張と弛緩の関係を作り上げていく。それに対して旋法性の音楽は転調の可能性が限定されており、現代の耳にはこうした音楽は調的多様性の緊張感を欠き単調に聴こえるかもしれない。しかし逆に、調性音楽は長旋法と短旋法の2つしかもたない。旋法性においては6つの音すべてが中心音となりうるが、調性では中心音となることができるのは2つのみである。そのため、とりわけ旋律を形成するうえでは、旋法性の方がシステム上は多様性に富んでいると言うことができる。しかし、それらを長短調のどちらかに引きつけて捉えようとする現代の耳は、旋法的な多様性を聴き取れなくなっているのかもしれない。

　いずれにしても、調性音楽に慣れ親しんでから、さかのぼる形で旋法時代の音楽を聴こうとする現代の我々の耳と、旋法音楽に基本的に慣れ親しんでいながら、やがて調性的な感覚が芽生えてくる時代に生きた人たちの耳の感覚とは、かなり異なっていたと考えるべきであろう。

　旋法においては、移調の可能性は非常に限られていた。カントゥス・ドゥルスとカントゥス・モリスの関係は、すでに述べたように完全五度シフトした移調の関係性に他ならない。18世紀後半になると、調号としてフラットを2つつけて、さらにカントゥス・モリスから完全五度下に全体をシフトさせたり、あるいはシャープを1つまたは2つつけて、全音階の全体を完全五度上にシフトさせたりするといったことが、行われるようになる。しかし、通常はシャープもフラットも2つまでが限度で、3つというのはかなり例外であった。

　こうした移調の可能性の拡大は、鍵盤楽器の上で発想されたことは間違いない。オクターヴ内の12の音を鍵盤上で視覚的に把握し、そのなかで音の可能性を引き出していったと考えられる。遠隔調を利用する作品は、18世紀を境に増えていくが、そうした作品は、初期のうちは鍵盤楽器にほぼ限られている。

　24の長短調すべてに対して前奏曲とフーガを作曲したバッハの《**平均律クラヴィーア曲集**》は（バッハが最初でなかったにしても）例外的作品で、実験的、かつ前衛的性格の音楽であった。バッハはこの曲集の標題に「長

## 第4章　すべては鍵盤楽器の上で起こった―音組織・音律・調律技法を巡って　69

三度すなわちドレミも、短三度すなわちレミファも含むすべての全音と半音を用いた前奏曲とフーガ」と記している。「24のすべての長調と短調による」と書けば、このような複雑な表現をしなくてすむように思われるかもしれないが、彼の時代には長調と短調を表す適切な用語がなかった。そのため、バッハは中世以来に用いられた**ヘクサコルド理論**による**ソルミゼーション（階名唱）**を用いてこのことを表現した。**ヘクサコルド**とは、6音からなり 第3音と第4音の間だけ半音で、他はすべて全音からなる音階で、これにウト、レ、ミ、ファ、ソ、ラという読みを当てた。（ウトはやがてドに変わる。それは「中心」「主」という意味で Dominus という言葉に由来するという説が有力である。シはまだない。）その方法に従えば、リディア、ミクソリディア、イオニアの3旋法ではいずれも中心音から上に向かう音階は「ドレミ」と読み、ドリア、フリギア、エオリアの3旋法では中心音から上に向かって「レミファ」と読まれた。すべての半音上で長短調のすべてを成立させるという今日では基本と考えられるシステムが、当時としてはそれほど例外的で、前衛的だったのである。バッハの《平均律クラヴィーア曲集》は、現代において最も親しまれ、知られている「バロック音楽」のひとつであるが、この作品は決してその時代の典型を表していたわけではなかったのである。（なお、ここで注意しておかなければならないのは、この曲集の和訳として採用され広く定着している「平均律」という言葉は、決して十二平均律を表すわけではないことである。原語のドイツ語は "wohltemperiert" で、それはよく調整されたという意味の言葉である。この言葉はひとつの調律法を指すのではなく、「さまざまな調が心地よく響くようにさまざまに工夫された調律法による」というような意味であったと考えられる。）

　もちろん、バロック時代と呼ばれる150年の間に旋法的な感覚は徐々に希薄となり、やがて調性的な感覚が芽生えていくことは事実である。しかし、この変化にはかなり長い期間を要した。バロック時代の初期の作曲家たちが、音楽を旋法的に発想していたことは間違いないし、旋法に関する知識はバロックの後期に至るまで音楽の基盤であり続けた。そうしたなかで、当時の人々が当然のようにもっていた旋法的変化を感じる音感覚は、現代では鈍くなってしまっている感覚なのかもしれない。我々は無意識のうち

に、この時代の音楽を「調性的に」聴こうとして、そのためにバッハ以外の音楽は単調と感じてしまっているのかもしれない。しかし、当時の音楽を成り立たせていたシステムを理解し、そのなかで起きた変化に耳を傾けようとするならば、そこで生じている音楽表現の豊かさと多様性に気がつくことになるだろう。

## 4. 調律・音律の問題

　調律の問題は、バロック音楽を考えるうえで重要な問題である。旧来の音楽レパートリーを中心とした音楽史記述においては、この問題を基礎的で根本的な問題とは捉えてこなかった。しかし、調律の問題は、当時の音楽がどのように響いていたかということの本質に関わる。調性音楽を聴き取る耳でバロック音楽を捉えようとすれば、この問題はあまり重要ではなく、現代の十二平均律の調律で何ら問題はないかもしれない。しかし、当時の人々や作曲家たちがどのように音楽を捉えようとしたか、音に対してどのような感覚をもっていたかということにまでに思いを馳せて、時代に即して音楽を理解しようとするならば、この問題は決して避けて通れない。そこで、調律と音律の問題の核が何で、それがバロックの音楽の響きにどのような影響を与えたかということに絞って、その問題について説明をしようと思う。この話をはじめて聞く読者の方々には、あるいは音律の問題について一度話を聞いたり読んだりして挫折した経験のある読者の方々には、いくぶん敷居の高い話になるかもしれない。しかし、ここでは順を追って丁寧に、基礎的な点のみに焦点を当てて記しているので、ゆっくりと段階を追って読みすすめていただきたい。

### 1）自然倍音列

　自然界に存在するすべての音は、それ自体ハーモニーをもっている。人の声、楽器の音、汽笛の音、鐘の音、金属棒を叩く音、草笛など、音の高さを認識できる音は、その高さの音だけで構成されているのではなく、それよりも高いさまざまな微小な音を成分として複合的に含んでいる。つまり、自然界には単音で存在する音はなく、すべて複数の音の混合体である。

# 第4章 すべては鍵盤楽器の上で起こった―音組織・音律・調律技法を巡って

基本の音高の上で微小に鳴り響くこれらの複合的な構成音は、**倍音**もしくは**上音**と呼ばれる。倍音はオクターヴ上の音、さらにその完全五度上の音、2オクターヴ上の音、さらにその上の長三度上の音と続く。これを楽譜で表すと譜例1のようになる。

譜例1ではドを鳴らしたとき、ド$^1$、ソ$^1$、ド$^2$、ミ$^2$、ソ$^2$、シ♭$^2$、ド$^3$、レ$^3$、ミ$^3$、ファ♯$^3$、ソ$^3$…の音が鳴ることが示されている。これらの音は、鳴らした元の整数倍の振動数なので倍音と呼ばれる。鳴り響く倍音を並べたものは、**自然倍音列**と呼ばれる。振動数とは、音を発する物体が、1秒あたりに何回空気を振動させるかを表した数である。音は発音物体が引き起こす空気の振動だが、その振動が速ければ速いほど高い音と認識され、遅いと低い音と認識される。つまり、振動数が大きければ高い音、小さければ低い音となる。1秒あたりの空気の振動数は、音の高さを表す単位となる。これは**周波数（単位ヘルツ）**とも呼ばれる。通常、現代のピアノはa$^1$（すなわちラ$^1$）＝ 440 − 442 ヘルツで調律されるが、これは a$^1$ の音が1秒間に440 − 442 回空気の振動を起こすように高さを調整するという意味である。

譜例1には、3オクターヴ上の音、すなわち第16倍音までを記しているが、さらに上の倍音も存在しており、次第に微小になってはいくが、その列は、理論上は永遠に続く。上位の音になればなるほど聴こえなくなる、あるいはどんなに精密な機械で測定しても測定できないほど微小あるいはなくなってしまっている。だが、下位にあるオクターヴ、完全五度、長三度といった音程関係の音は実際に聴こえる。訓練されていない耳には、それらの部分音を明確に聴き取ることはできないかもしれないが、人の声色の違いや、楽器の音色の違い、さらにはアエイオウなどの母音の音の違い

譜例1　自然倍音列（音高は十二平均律上で最も近い位置）

というものは、すべて部分音の構成に起因するものである。人は誰しもこれらの倍音を、瞬時に聴き取って、言葉を理解しているのである。

完全五度や長三度の音程関係がとりわけ協和して聴こえるのは、互いに部分音を共有する度合いが高いからである。自然界に存在する完全に協和する完全五度は、楽器の弦の長さ（管楽器の場合は管の長さ）が、正確に３：２になるときに生じる。長三度は、楽器の弦長（あるいは管長）が５：４のときに生じる。完全五度と長三度を組み合わせる三和音が協和して聴こえるのは、これらの音程が自然倍音列の下位にあって比較的聴こえやすいからである。音程の協和度が、オクターヴ、完全五度、長三度の順に高いと言われているのは、このように自然の原理に由来する。

## 2）五度圏と音階

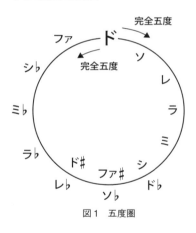

図1　五度圏

音階は完全五度という音程の集積でできている。図１のように、ドを起点に完全五度（ド－ソ、レ－ラのように全音３つと半音１つからなる音程、あるいは全音は２半音なので、半音７つ分と読み替えてもよい）の音程を積み重ねていくと、12回積み重ねたところで元の音に戻ってくる。完全五度を４回、ド－ソ－レ－ラ－ミのように積み重ねると**ペンタトニック（五音音階）**という音階ができる。つまり、これらの音を１オクターヴに内に収まるようにして低い順番に並べ替えると、ド－レ－ミ－ソ－ラ－ドという音階になる。この音階は半音を含まず人間が把握しやすい。日本ではかつて音階の第４音と第７音（ファ、シ）がないのでヨナ抜き音階などと言われた。この音階を使った民謡は古今東西の世界に見ることができる。五度という自然界の協和する音から構成され、歌いにくい半音が避けられるという理由からだろう。（もっとも同じペンタトニックでも琉球音階のペンタトニックは半音を含んでおり、それ自体が独特の音楽的雰囲気を醸し出しているが、ここで言う

## 第4章　すべては鍵盤楽器の上で起こった―音組織・音律・調律技法を巡って

ペンタトニックは上記の通り世界各地に見られ、これ自体が特定の地域の音楽の特徴を表しているわけではない。）

　このペンタトニックのさらに上方と下方に完全五度を加えたもの（すなわちファ－ド－ソ－レ－ラ－ミ－シ）がいわゆる全音階（ダイアトニック音階）である（並べ替えるとド－レ－ミ－ファ－ソ－ラ－シ）。この音階は、五度圏の図のどの音から開始してもよく、例えばレから開始すればニ長調の音階になるし、ファ♯から開始すれば嬰ヘ長調の音階になる。

　この図のように、完全五度の集積を繰り返すと 12 回目には元の音に戻ってくる。つまり、五度圏はどこから始めても元に戻ってくるようになっており、つまり五度圏は閉じている。

　これが、我々が通常、学校の音楽教科書、あるいは一般の楽典の教科書で習う常識である。この常識が形成されるのが、まさに 18 世紀に入ってからのことであった。逆に言えば、それ以前の時代にはその常識が通用しないシステムで音楽は形成されていたのである。

### 3）五度圏は実は閉じていない

　完全五度を積み重ねていくと 12 回目に元の音に戻ってくるというのは、実は厳密に言うと正しくない。というのも、自然界に存在している完全に協和する完全五度でそれを行うと、つまりドから始めて最後にファから完全五度を取ると、実際には元のドよりも高くなってしまう。つまり五度圏は閉じていないのである。この問題は、調律や音律に関わる根本的な問題である。なぜこのようなことが起きるのか。このことについて、順を追って説明することにしよう。

　先ほど自然界に存在する完全に協和する完全五度は、弦長 3：2 で作ることができると言った。振動数（周波数）は弦長に反比例する。弦を $\frac{1}{2}$ の長さにすれば振動数は倍になるし（すなわちオクターヴ）、弦の長さを $\frac{2}{3}$ にすれば振動数はその逆数の $\frac{3}{2}$ となる。

　完全五度を積み重ねて作る音階の音のそれぞれの高さを振動数比で表したのが下記の表 2 である。

| ド | ソ | レ | ラ | ミ | シ |
|---|---|---|---|---|---|
| 1 | $\frac{3}{2}$ | $\frac{9}{8}$ | $\frac{27}{16}$ | $\frac{81}{64}$ | $\frac{243}{128}$ |

| ファ♯ | ド♯ | ソ♯ | レ♯ | ラ♯ | ミ♯ =ファ？ | シ♯ =ド？ |
|---|---|---|---|---|---|---|
| $\frac{729}{512}$ | $\frac{2187}{2048}$ | $\frac{6561}{4096}$ | $\frac{19683}{16384}$ | $\frac{59049}{32768}$ | $\frac{177147}{131072}$ | $\frac{531441}{524288}$ |

表2　純正な完全五度を積み上げて半音階（すなわちオクターヴに含まれるすべての半音からなる音階）を作ったときの各音の数比

ドの音の振動数を1として、完全五度の数比は$\frac{3}{2}$だから、ドの完全五度上であるソは$\frac{3}{2}$である。レはそれの完全五度上だから$\frac{3}{2} \times \frac{3}{2}$の$\frac{9}{4}$だが、こうして出した$\frac{9}{4}$（$= 2\frac{1}{4}$）はソの上のレ、すなわちここで求めようとしている音階上のレの1オクターヴ上のレであるから、それをオクターヴ下げるためにさらに$\frac{1}{2}$をかけて$\frac{9}{8}$の数が求められる。ラはレの音に完全五度の数比$\frac{3}{2}$をさらにかけて$\frac{27}{16}$、ミはそれに$\frac{3}{2}$をかけるが再びオクターヴの範囲を超えるのでオクターヴ下げるために$\frac{1}{2}$をさらにかける。結果、$\frac{81}{64}$という数が求められる。この手順をずっと継続して五度圏を一巡したのが表2である。

12個目の音は、本来、元の音に戻って再び1となるはずであるが、この計算では実際には$\frac{531441}{524288}$という数字になっている。これは小数で計算すると1.0136432648であり、1の近似値であるが明白なずれが生じている。これを実際に音にしてみると音楽的には耐えられないずれである。このことには、古代ギリシアのピュタゴラス学派の学者たちは気がついており、このずれは**ピュタゴラス・コンマ**と呼ばれ、そのずれをそのままに純正な完全五度だけで調律した場合、それはピュタゴラス音律と呼ばれる。

実際の音楽を演奏する際により大きな問題なのは、完全五度を4回積み重ねて作られた長三度と、自然倍音列上の長三度の問題である。先ほど、長三度は弦長を5 : 4にしたときに作られると述べたが、そこで生成される振動数の比はその逆数の4 : 5となる。つまり、ドを1としたときミの音は$\frac{5}{4}$が振動数で生成される。これが、自然倍音列内に生じる純正な長三度で

## 第4章 すべては鍵盤楽器の上で起こった—音組織・音律・調律技法を巡って    75

ある。ところが、上記の表2ではド−ミの関係は $\frac{81}{64}$ の数値となっている。小数で表すと1.265625 と、$\frac{5}{4}$ すなわち1.25 とは近似した値であるが異なる値となっている。$\frac{5}{4}$ が純正な長三度であるのに対し、$\frac{81}{64}$ の長三度はピュタゴラスの長三度と呼ばれる。ピュタゴラスの長三度で三和音を奏でた場合、純正な長三度と比較すると、明らかに濁った音がし、実際の音楽で使用する許容範囲を超えている。ピュタゴラスの長三度と純正な長三度の差は、**シントニック・コンマ**と呼ばれる。

　ここに述べた音の微少なずれの問題は、自然の原理に基づいた根本問題であるため、鍵盤楽器を製作・調律する際に古来、常に解決されなければならない問題であった。

### 4) 現代の標準調律法、十二平均律

　話を分かりやすくするために、現代の鍵盤楽器でどのような解決をしているか、ということをまず述べておこう。現代の鍵盤楽器では、**十二平均律**という調律が採用されている。十二平均律は五度圏を一巡してできる音のずれ、すなわちピュタゴラス・コンマのずれを避けるために、このずれを十二等分してすべての完全五度に割り振ったものである。これを数式で表すならば、ピュタゴラス・コンマを $p$ としたとき、十二平均律の完全五度は $\frac{3}{2}/\sqrt[12]{p}$ となる。すなわち、純正な完全五度は $\frac{3}{2}$ だが、それを12回乗じた結果として $p$ が生じるわけであるから、最終的に同じ音に戻ってくるためには、$p$ の12乗根分の微小な数を完全五度 $\frac{3}{2}$ から除した数字が、平均律の完全五度となるのである。

　ここで述べたような割り振りを行うことは、実はオクターヴ内のすべての半音を均等に分割するという作業に等しい。つまり、オクターヴの振動数比は2であるので、これを12に均等に割り振った値、すなわち $\sqrt[12]{2}$（別の書き方では $2^{\frac{1}{12}}$）となる。したがって、十二平均律の完全五度は半音7個分であるので、$2^{\frac{7}{12}}$ として求めることもできる。長三度は半音4個分であるので、$\sqrt[12]{2}$ の値を4回かけた値、すなわち $2^{\frac{4}{12}}$ という値になる。

　つまり十二平均律は、すべての音律上の矛盾（この場合ピュタゴラス・コンマ）をすべての音程に均等にばらまいたものであり、どの音程も際だってずれているということはないものの、どの完全五度も、どの長三度もど

れひとつとして純正に響かせることができない調律法なのである。このシステムでは、五度圏は閉じている。その一方、バロック時代に使われた他のさまざまな調律法と異なり、どの半音を中心音としても調を成立させることができ、遠隔調への転調を問題なく可能としている。つまり、調性のシステムに適した調律法と言える。

### 5）バロック期、中期までに使われた現実的な解決法──中全音律

長短の三和音を心地よい響きと感じ、それらを交代させながら、またそれらをつなぐ不協和音を織り交ぜながら作曲を行うという技術は、16世紀までに非常に高いレベルに達していた。これらの音を組み合わせていく技術は、鍵盤上で発想されるようになっていたと考えられる。ただし、鍵盤上ですべての三和音を心地よく響かせるためには、原理的な困難があった。先に述べた「コンマ」と呼ばれる歪みをどこかで修正していかなければならないからである。

下記の表3は、ド-ソ、ファ-ド、ソ-レの3つの完全五度を純正に調律し、これらの枠に純正な長三和音を鳴らすことができるようミ、ラ、シもそれぞれ純正に調律したときの、各音の振動数比である。この調律法は**純正律**と呼ばれる。

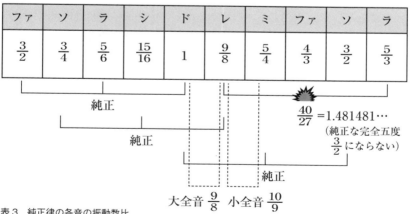

表3　純正律の各音の振動数比

## 第4章 すべては鍵盤楽器の上で起こった―音組織・音律・調律技法を巡って

　この調律では、ミ−ソ−シ、ラ−ド−ミも結果的に純正な三和音となっているが、レ−ラの音程に歪(ゆが)みが集中し、使用不可能な調律法であった。また、もうひとつの問題は、同じ全音でもド−レの関係は $\frac{9}{8}$ なのに対して、レ−ミの関係が $\frac{10}{9}$ と大きな差異を生じ（前者を大全音、後者を小全音と呼ぶ）、旋律を奏でる際にある種のいびつ感が生じてしまう。

　先に示したように、すべての完全5度を純正に調律したピュタゴラス音律では長三度のずれが大きすぎる。純正律では音楽的にも頻繁に用いられるレ−ラの完全五度が使用できないために、現実的な調律法ではなかった。そのため、現実的に選択された音律は**中全音律（ミーントーン）**であった。

　中全音律は、純正律において ド−レに置かれる大全音と、レ−ミに置かれる小全音を平均化した「中全音」を両方の音程に置く音律であるためにこのように呼ばれる。中全音律は、上記で述べた純正な完全五度を4回積み重ねてできたピュタゴラスの長三度と純正長三度の差であるシントニック・コンマを4分割して、シントニック・コンマ（$sc$）分の歪みを4回の完全五度に割り振るという方法で調律する音律である。（表4を参照）

|  | ド−ソ | ソ−レ | レ−ラ | ラ−ミ | ド−ミ |
|---|---|---|---|---|---|
| ピュタゴラス音律 | 純正 | 純正 | 純正 | 純正 | $1sc$ 広すぎ |
| 純正律 | 純正 | 純正 | 歪み | 純正 | 純正 |
| 中全音律 | $\frac{1}{4}sc$ 狭く | $\frac{1}{4}sc$ 狭く | $\frac{1}{4}sc$ 狭く | $\frac{1}{4}sc$ 狭く | 純正 |

表4　中全音律におけるシントニック・コンマ ($sc$) の割り振り（ピュタゴラス音律、純正律との比較）

　この方法では、幹音（ピアノの白鍵に相当）に関してはすべての長三度を純正にすることができ、派生音（ピアノの黒鍵に相当）は、シャープ系を取るかフラット系を取るかを決めて純正に調律する。この調律法では、派生音の音を異名同音として扱うことができない。すなわち、例えば、ファ♯の音をレに対して純正な長三度を取るように調律したら、それはソ♭としては使えない。この調律法では通常、派生音はド♯、ミ♭、ファ♯、ラ♭、シ♭音が使用可能であるように調律すると、それらはレ♭、レ♯、ソ♭、ソ♯、ラ♯としては使用できない。

中全音律の特徴をまとめると以下の通りである。長三度の響きが完全に純正に響くということ。そのために完全五度がある程度犠牲になっているということ。異名同音の関係がきかず、♭系か♯系一方方向にしか、調律できない。つまり、幹音を調律したあと派生音は♭方向ではファを起点にシ♭－ミ♭まで調律し、♯方向ではシを起点にファ♯－ド♯－ソ♯を調律したあと、レ♯を取ろうとするとミ♭ですでに調律したため、それはレ♯としては使えなくなる。ソ♯－ミ♭の関係は、みかけは完全五度であるが、あくまで減6度という不協和音であって、この調律法では完全五度としては使用不可能である。この減6度の音程は、中全音律では通常レ♯とシ♭、もしくはソ♯とミ♭の間に置かれる。また、中全音律では長三度を3つ重ねてオクターヴを形成することができない。（中全音律の純正な長三度 $\frac{5}{4}$ を3乗してもオクターヴの2にはならない。）全音の幅はすべて均等。以上である。

　中全音律が、はじめて書物に現れるのはバルトロメオ・ラモス・デ・パレイアの理論書『音楽実践 *Musica practica*』（ボローニャ、1482年出版）においてである。この調律法は、18世紀初頭くらいまでは、標準的調律法として使われ続けた。完全五度は犠牲になっているが、長三度の純正な響きはとても特徴的で、長三和音と短三和音を奏でたとき、下に純正な長三度が来る長三和音の響きと、上に純正な長三度が来る短三和音の響きの違いが顕著に現れる。異名同音を用いての遠隔調の転調ができない、というのが唯一・最大の欠点であるが、旋法性を基調とした作曲法が主流であった時代においては、とても適した調律法であったということができる。十二平均律という調律法は、少なくとも理念的には知られてはいたが、これが実際に鍵盤楽器の調律法として広く採用されるのは、かなり後の時代のことである。中全音律が、音楽的に最も適した調律法であるという一般認識は、広く普及していたのである。この章の最初に述べたカントゥス・ドゥルスとカントゥス・モリスの理論において、転調や移調が、♭1つをつけ全体を完全4度上方に移高することだけに限られていたのは、中全音律の限界を超えない、ということでもあったのである。

## 6）調律の現実的な選択とイレギュラーなシステム

　どの時代のどの作品に、どの調律法が使われたか、ということはこれま

## 第4章 すべては鍵盤楽器の上で起こった―音組織・音律・調律技法を巡って

でさかんに議論されてきた。どの時代に関しても具体的で正確なことは、あまり分かっていない。しかし、大まかな傾向は分かっている。17世紀中頃までには、ドイツでは中全音律が広く行き渡っていた。一方、フランスやイタリアでは、すべての完全五度を一律に $\frac{1}{4}$ シントニック・コンマ分狭く取るという方法でなく、歪みの分配を不規則に分配する方法が好まれたようである。**ジャン＝フィリップ・ラモー**（1683-1764）は、幹音（ナチュラル鍵）は中全音律と同じにし、派生音は♯方向へは $\frac{1}{4}$ シントニック・コンマを継続し、♭方向へは完全五度を逆にそれより広く取る調律法を提唱していた[1]。18世紀には、さまざまな種類のイレギュラーな分割法による調律法が提唱された。**ヨハン・ゲオルク・ナイトハルト**（1685頃-1739）、**アンドレーアス・ヴェルクマイスター**（1645-1706）や、バッハの弟子の**ヨハン・フィーリップ・キルンベルガー**（1721-83）は、さまざまな種類のイレギュラーな分割法を示している。これらの一部は、理念的で非現実的なものであるが、当時の実践の場面において種々の試行が行われたという痕跡を表している。このイレギュラーなシステムのなかでは、シントニック・コンマを6分割し、長三度に $\frac{1}{3}$ シントニック・コンマ分の歪みを残すなどの方策が多く取られた。

ピュタゴラス・コンマを12の完全五度に分割して割り振るという十二平均律は、理念的には16世紀末からさまざまな理論家によって提唱されてきた。しかし、正確に十二平均律の振動数や弦長を計算するには、平方根や対数を用いる必要があり、18世紀半ばまでのおもだった音楽理論家たちは、それを正確に計算することができなかった。この計算は、明代の中国において朱載堉が『律呂精義』（1584）で小数点以下9桁まで行っている。この方法は、中国に渡ったイエズス会士ジョゼフ＝マリー・アミオによって、1779年にようやく、西洋に紹介された。

旋法性から調性への移行は、中全音律から十二平均律的調律法への移行とあいまって起こったことであるが、それは十二平均律が一般に普及していったということを意味するわけではない。十二平均律の振動数比を正確に計算することには、まだ当時誰も成功していなかった。実践の場面にお

---

[1] 桒形亜樹子「等分か不当分か？――フランス18世紀の音律の音色、その曖昧さの魅力」『東京藝術大学音楽学部紀要』2009年（35）：59-73頁。

いてはさまざまなシステムが試行されていたと考えられる。チェンバロはそのつど調律を変更することができるから良いが、大型のオルガンは一度調律が決定されたら、それを簡単に変更することができない。オルガンの注文書や仕様書、鑑定書は多く残っているが、そこに採用された調律法が記入されることはほとんどなかった。それは、調律に関することに多くの音楽家やオルガン製作家が無関心だった訳では決してなく、むしろこれを明記すること自体、論議と論争を呼ぶデリケートな話であったという可能性は十分あると考えられる。そして、実践の場面においては、オルガニストとオルガン製作家のあうんの呼吸で何らかの選択が行われていたのであろう。いずれにしても、十二平均律が調性の確立とともに標準的な調律法となっていった、という記述はおおざっぱな方向性という点では正しいが、十二平均律という調律が、厳密に言えば技術的には不可能であったという点は押さえておかなければならない。遠隔の調を利用したり、調的領域を対照させるような音楽の実践が広がるにしたがって用いられるようになった調律法とは、十二平均律そのものではなく、より十二平均律に限りなく近い調律、すなわちシントニック・コンマやピュタゴラス・コンマをより細かく分割して、歪みをより広く分配する調律法であったと考えるべきだろう。

## 5. バロック音楽を考えるうえでの調律法の意味

　音楽史の入門書としては、踏み込んで音律の基礎の話をしたが、それはバロック音楽の「響き」を理解するうえでこれが本質的意味をもつからである。1980年代頃から盛んになった古楽の復興運動の初期においては、その運動の当事者たちが調律の問題について非常に関心をもち、バロック時代の調律法と十二平均律の差異を強調した。しかし、音楽史家や一般の音楽愛好家の間では、十二平均律という調律法がさまざまな問題を解決するために歴史的に最終的に到達した調律法であり、古典調律を使うかどうかということは音楽理解にはあまり大きく影響はしない些末的な問題である、あるいは、中全音律のような懐古主義的な音律は、現代の耳には受け入れられないという考え方が主流であった。

## 第4章　すべては鍵盤楽器の上で起こった―音組織・音律・調律技法を巡って　　81

　この時代は、「絶対音感」なるものがもてはやされる時代と一致する。絶対音感は、音楽的天才の代名詞のように捉えられているが、実際はかならずしもそうではない。現代のピアノは $a^1$=440Hz で調律されるが、440Hz というのは世界工業規格（ISO）でたまたま規格化された基準であって、それ以前にはより低い 435Hz が標準ピッチとして広がっていた。しかし、$a^1$=440Hz の十二平均律を絶対的標準と捉え、「絶対音感」を促進するソルフェージュ教育が世界中で実施されていった。耳を20世紀の規格に固定するような教育が行われたのである。絶対音感というのは、いわば耳の工業規格化なのである。絶対音感教育を受けた人々のなかには、バロックの調律法や、よりフレキシブルなピッチの選択をした演奏を、気持ち悪いと感じる人が少なからずいる。こうした一定のピッチや一定の音律への耳の固定は、バロック時代の音楽が前提としていた響きを感じる能力を削いでしまっている。絶対音感は、和音が音と音の相対的な関係で成り立っているのだという、アンサンブルの根本原理を否定し、音楽のなかのすべての音を状況に関係なく一定のピッチに固定化させようとするからである。もちろん、状況に応じて音をフレキシブルに変化させるという能力を備えた絶対音感であれば、アンサンブルの全体のピッチを狂わせることを防ぎながら、音楽的により良い音と和音を当てはめていくということを可能にするだろう。しかし、少しでもピッチが基準とずれていたり、異なる響きの和音が鳴ったりすると、外れているとか、気持ち悪いと感じる絶対音感は、中途半端で不完全な絶対音感と言える。古典の音楽を、より時代に即した美しさで享受し楽しむためには、固定化された絶対音感を、よりフレキシブルな変化に対応できる絶対音感に変えていく必要がある。

　21世紀に入り現代の音楽家たちは、バロックの響きを再現するために、さまざまな古典調律を再現し、歴史的により正しいピッチを選択して演奏することの重要性に気がついている。そこに音楽の本質的意味が込められているということもしばしばあるからである。上に述べたように、バロックの音楽家たちは、まず旋法を基礎として学び、旋法を区別する感覚をはじめに身につけていた。その前提は18世紀半ば頃までにはやがて薄れていきはするが、そのダイナミックな変化を知ることなしに、17世紀初期の音楽と18世紀半ば以降の音楽を同じ音感覚を前提として理解しようとするの

は、明らかに時代錯誤であるという考え方が、現代の演奏者の間には次第に浸透している。

　17世紀の音楽は、18世紀半ばの音楽に比べると、現代人にとってより単調に響くかもしれない。例えば、ハインリヒ・シュッツの音楽や、モンテヴェルディのオペラの歌は、モノトーンな響きで、後のバッハの音楽に比べると変化に乏しく、退屈であると感じる人も少なからずいるようである。そこにはおそらく、現代の調律法に慣れ、調性音楽に引きつけて聴こうとする耳が働いているように思われる。バッハの音楽では、後の時代の主流に近い、調的変化の可能性を音楽構成により多く用いている場合が多い。しかし、シュッツやモンテヴェルディは、確固として旧来の旋法の原理を前提としている。旋法性の音楽は、幹音のうちさまざまな音を中心音とすることができるという点で、実は調性音楽よりも旋律構成においては多様性に富んでいる。ところが現代の耳は、その多様性に耳を傾けようとせずに、むしろ長短調の2つのモードに集約して音楽を捉えようとしているから、単調に聴こえるのではないだろうか。また、中全音律は、先に述べた通り、長三度が純正であるため、それを下にもつ長三和音（長三度＋短三度）と、それを上にもつ短三和音（短三度＋長三度）との対照性がより際立って聴こえる。十二平均律の和音を「正しい」と捉える耳は、この対照性を聴き取らず、単に音が慣れ親しんだピッチと異なることにのみ注意を向けてしまう。不協和音が協和音に解決するとき、長三度が純正であると、解決した瞬間の「解決感」「安定感」は、もともと狂った平均律の長三度に解決するよりもずっと強い。こうした音の変化に耳を傾けようとすると、17世紀前半の音楽は、決して単調でモノトーンなものではなく、むしろ別のやり方で変化や多様性に富んだ音楽であるということに気がつくはずである。

## 6. 不協和音と協和音の交代、変化を楽しむ

　ヴェルクマイスターは、良き音律は心地よい変化をもたらすということを強調している。良い調律がなされた楽器であれば、ある旋律が高さを変えて奏されたとき、その変化が単なる高さの変化だけでなく、響きの変化としても認識される。この響きの変化には、大きな音楽的効果があると考

# 第4章 すべては鍵盤楽器の上で起こった―音組織・音律・調律技法を巡って

えていた。彼は次のように述べている。「ドリア旋法が二度、c または e に移高されたとする。この移高は、大きな変化と動きをもたらす。このとき、音の高低の変化によって、全音・半音の関係性の変化という効果だけでなく、協和音の音の揺れの変化という効果ももたらされるのである。」[2] つまり、一定のパッセージが高さを変えて反復されたとき、その楽器が十二平均律に調律されていなければ、必然的に和音の位置によって音のずれの違い、ひいては和音の響きの違いが聴こえることになる。例えば、ヴェルクマイスターのいわゆる $\frac{1}{3}$ コンマのシステムでは、次のように、純正の完全五度と、$\frac{1}{3}$ シントニック・コンマ（$sc$）狭い完全五度を交互に置いていく。

| ファ－ド－ソ－レ－ラ－ミ－シ | 長三度 |
|---|---|
| 純正　$\frac{1}{3}sc$狭く　純正　$\frac{1}{3}sc$狭く　純正　$\frac{1}{3}sc$狭く | $\frac{1}{3}sc$広く |

表5　ヴェルクマイスター音律

その結果、この調律法では、長三和音に純正な完全五度を取るものと（例えば、ファ－ラ－ド、ソ－シ－レ）と $\frac{1}{3}sc$ 分狭い完全五度を取るもの（ド－ミ－ソ、レ－ファ－ラ）とが、存在する。このように、位置によって和音が変わることを良しとし、むしろそれも含めて音楽的な効果が考えられなければならないと、ヴェルクマイスターは考えていたようである。

ここにドリア旋法という言葉が出てくるように、バロック時代の音楽家たちはまず旋法的な音感覚を身につけるところからスタートしていた。つまり、長調と短調の2つのモードにすべてを引きつけて捉えようとする耳とは別の感覚を身につけていたのである。そういうなかでも、18世紀には、平均律的な調律法を取るか、イレギュラーなシステムを取るかということで、議論がなされていたことは事実である。しかし、調律法もピッチも一定でなく、状況によって変化する、あるいは変化させるという音楽の現場の現実がそこには常に存在しており、そのなかで音に対する揺れ動く感覚、

---

[2] Andreas Werckmeister, *Hypomnemata musica* (Quedlimburg: Calvisius, 1697), 36.

揺れ動く音に対して感じる感覚を当時の人々はもっていた。

　ここでは、揺れ動く音や和音の感覚を示すいくつかの例を見てみたいと思う。

　第一の曲例は、**ルイ・クープラン**（1626頃-61）の《パヴァーヌ》（嬰ヘ調）である。五度圏を巡ってすべての鍵盤上の音を中心音とすることが、理論的には可能なことは17世紀の末までに認識されていた[3]。しかし、派生音上の調が選択されることは極めて稀であった。クープランの時代は中全音律が基本の調律とされていたが（多少の変更はあったかもしれないが）、17世紀初期から中葉の世代に属するルイ・クープランが嬰ヘ調を選択するというのは、それなりにインパクトのあることであり、それゆえの特別な意味があったと思われる。遠隔調の和音を多く含むこの曲では、むしろそこで起きる不協和音を楽しんでいた節がある。この曲では、間違いなく際立った不協和音を生じる音が頻発する。ラ♯はシ♭の鍵(けん)を利用するが、この音をレ♯の完全五度上として調律することは当時ほぼなかった。ミ♯はファの鍵を使うが、ド♯との間には著しい不協和を生じる。この曲では、短三和音と長三和音の変化に加えて、こうした不協和を含む三和音の交代が巧みに行われている。不協和を含む三和音の扱いは非常に慎重である。例えば、8小節目ではバスのラ♯音は次のシに導かれるときに際立った不協和を生じる。しかし、第11小節のミ♯の音はド♯との間に著しい不協和を生じるが、これが内声のラの音（ファとは純正に調律）が経過的にここで鳴ることによって、この不協和が隠され中和されている。クープランは、調律法によって本来協和音程でも不協和に響く音程、二度、七度といった調律に依存しない不協和音程、そして協和音程をこの曲で巧みに組み合わせながら、独特のメランコリックな響きを織りなしている。

　16世紀から半音階に基づく音楽は多く存在している。こうした「半音主義」の音楽には、基調の旋法は維持したまま半音階を経過的に使う場合と、半音階を和音の変化も含め構造的に使う場合とがある。後者の場合、本来協和するべき和音に、音律上の都合で歪みが多く置かれるということが、どこかで必ず起こる。これを避けるためには、歪みをなるべく小さくした調

---

[3] Mark Lindley, "Stimmung und Temperatur," in *Hören, Messen und Rechnen in der frühen Neuzeit*, ed. Carl Dalhaus et. al (Darmstadt: Wissenschaftliche Buchgesellschaft, 1987), 226.

# 第4章　すべては鍵盤楽器の上で起こった―音組織・音律・調律技法を巡って

譜例2　ルイ・クープラン《パヴァーヌ》嬰ヘ調（『クラヴサン曲集』より）

律法、究極的には十二平均律を使う方が望ましいという結論に至ることは、自然と言えるかもしれない。しかし、この種の歪みを意図的に音楽に編み込んでいると思われる作品も少なくない。下記のヨハン・ヤーコプ・フローベルガー（1616-67）のファンタジアにおける半音階のパッセージは、平均律で演奏したときと、中全音律で演奏したときでは、曲の面白みがまったく変わってくる。矢印をつけた部分が、中全音律にしたとき際だった唸りを伴う不協和を生じる箇所である。この楽章においては、中央に向かって、不協和音の密度が高くなり、そこで緊張感が高まるように設計されている。

　この曲を十二平均律で演奏すると、二度や七度の音程のぶつかりによる不協和音はそのまま残るが、理論上は協和音なのに音律によって際だった

譜例3　ヨハン・ヤーコプ・フローベルガー《ファンタジア ウト、レ、ミ、ファ、ソ、ラ》より

不協和音を生じる箇所がかき消されてしまい、全体的に平準化されて聴こえ、この曲が本来もっていたはずの面白みに欠けてしまう。半音階は、バロック音楽において「苦悩」や「痛み」を象徴する技法として非常に頻繁に使われるが、それを「苦悩」と感じるためには、半音階に和音がつけられたときに必然的に生じる和音の歪み、すなわち不協和音がよりいびつに響き、協和音がより協和して響くことが必要であった。このフローベルガーのファンタジアは、上行の半音階をテーマとした直後には、下降の半音階をテーマにした同様の動きの部分が続く。こちらの方は、音律に起因する独特の不協和音は避けるように書かれている。和音の上では、不協和を次第に減じて安定に向かい、半音階で見えなくなっていた旋法（カントゥス・モリスのミクソリディア旋法とみなしていいだろう）が突然、姿を現す。ここには苦悩というよりは、驚きを誘うユーモアを感じさせる。前にいびつな不協和音が連続して響いただけに、そこで突然戻ってくる基本旋法のカデ

# 第4章　すべては鍵盤楽器の上で起こった―音組織・音律・調律技法を巡って

ンツの協和音はいっそう心地よい。

　最後の例は、バッハのオルガン音楽である。バッハはたしかに遠隔調への転調を好み、それを曲の形式原理としていくような作品を多く書いている。彼が調性音楽、十二平均律を標準とする方向に大きく舵を切った作曲家であったことは間違いない。しかし、彼が特殊な和音を使ったときに、そこに今日とは異なる響きが前提になっている箇所を含む音楽もある。例えば、《オルガン小曲集》のなかの「人よ汝が罪の大いなるを嘆き」（BWV 622）の最後の箇所である。ここでは終わりから2小節の最終拍に、ド♭―ミ♭―ソ♭の和音がある。この音楽が中全音律を前提にしていたとは考えられないが、何らかのイレギュラーな調律法や、$\frac{1}{6}$コンマ調律法などが採用されていたとしたら、この和音は独特ないびつな響きがしたはずである。たいていの場合、ミ♭とレ♯は通常異名同音として使用はできず、ド♭（すなわちシの鍵）に対してミ♭／レ♯の鍵は長三度になるようには調整はされないことが多かった。この曲のこの和音は、「アダージッシモ（非常に遅く）」という曲想指示とあいまって、曲全体で最も緊張感が高まる箇所であり、「十字架に長く磔（はりつけ）られ」という言葉がつけられる旋律の箇所でもある。シ―レ♯―ファ♯の明るい長三和音でなく、長三和音に見せかけた暗いいびつな不協和音がここで響くとしても決して不自然ではなく、むしろ逆に音楽が言葉の表象を強めていることになる。

図2　ヨハン・ゼバスティアン・バッハ《オルガン小曲集》のなかの「人よ汝が罪の大いなるを嘆き」最終部（BWV 622）

　　　　　＊　　＊　　＊

　1700年前後の100年間ほど、調律や音律についての論議が盛んになったことは、西洋音楽史上なかったと言える。今日伝えられているさまざまな

「古典調律」というものは、ほとんどこの時代に使われていた調律法である。以上に見てきたように、この時代における鍵盤楽器の調律法に関する模索は、旋法性から調性へと歴史が大きく変化し、それに伴い人々の音感覚も大きく変化する時代に行われたのである。もっとも、どの音楽にどの調律法が使われた、などということがはっきり分かっているケースは、ほとんど存在しない。おそらく当時の演奏家たちも手に入る楽器やさまざまな習慣に従って、臨機応変に調律法を選択していた。多くの場合、それはシステム化・数値化された標準の音律を常に使っていたのではなく、そのときどきで変化するフレキシブルなものだったのかもしれない。そしてこの間、古い調律法とさまざまな試みに基づく新しい調律法が、バロック時代と言われる150年間併存し続けたのである。またこの時期、調律法だけでなく、ピッチに関しても地域によって、時代によってさまざまな音程が存在していた。

　今日の演奏家たちは、調律法の選択に関しては、かつてのように無知・無関心ではない。むしろ、積極的に自分の音楽のあり方に応じて適した調律法やピッチを、楽器を選ぶときと同じくらい真剣に考えて選択している。それは、彼らが、過去の演奏習慣に関して研究者たちがここ50年ほどの間に積み上げてきた知見の蓄積を享受して、その時代が前提とした多様な響きを再現しようと真摯に取り組み、それによって多くの発見をし、それ以前には聴こえてこなかった響きの楽しみに目覚めてきたということに他ならない。こうした努力が、かつての音楽の実際の響きに我々を近づけ、想像力を働かせながらその音楽を作曲した、あるいは聴いた当時の人々と心を重ねつつ音楽を聴く可能性を我々に提供してくれる。今日のバロック音楽の演奏を聴く際に、演奏家たちがどのような工夫をしながら、楽器やピッチ、調律法を選択して、聴かせようとしているかにも関心を寄せると、その体験は我々のうちにある音楽をますます豊かにしてくれる。

# 第5章
## 音楽の担い手、支え手たち

1745年、ヴェルサイユ宮殿におけるラモー作曲のコメディ・バレ《ナバーラの王女》の上演の様子。シャルル＝ニコラ・コシャンによるエッチング。

音楽は、言語活動と同様に人間の根源的な活動のひとつであり、どの時代におけるどの文化も、そのアイデンティティを示す何らかの音楽をもっている。音楽を通じて、人々がどのように関わり合っているかを知ることによって、その文化の諸相を知ることができる。

　今日の日本の音楽文化を誰が支えているだろうか、と問われたとしよう。これにはさまざまな答えが想定できるだろう。我々の社会にはあらゆる場面で音楽が鳴り響く。地域社会、学校、宗教団体の生活のあらゆる場面で音楽活動が行われるが、それらにも加えてより大きな意味と規模をもつのがメディア化された音楽と、商業化されたあらゆるジャンルの音楽興業であろう。CDの売り上げが年々落ち込んでいるという話をよく耳にするようになったが、その一方で音楽ライヴやコンサートの開催回数は増加している[1]。現代社会の音楽を支えているのは、情報化、メディア化された時代のエンターテインメント産業のマーケットであると言うことができよう。

　たしかに17世紀から18世紀にかけての時代は、楽譜や音楽書籍の流通が次第に拡大し、公開コンサートが徐々に始まりつつある時代であり、こうした一般音楽マーケットの黎明期と言うことができる。しかし、当時のマーケットは、音楽の主たる担い手になるにはまだ力不足であった。あらゆる種類の音楽に、あらゆる階層の人々がアクセスできるというほどまでには、社会はまだ開かれていなかったのである。当時は、政治的、社会的力関係が複雑に入り組んだ不安定な時代であり、それに加えてさまざまな価値観が交錯する、そういう時代でもあった。

　この時代はなお、教会と宮廷が、伝統的かつ高度な作曲技法による音楽制作の中心の場であり続けた。教会では、神を讃え、信仰を鼓舞するという機能を音楽は担った。宮廷では、その栄華を飾り、国威を示すために音楽は利用された。当時の人々にとって、音楽は現代とは比べものにならないくらい特別な存在であり、作曲家や楽隊、歌手たちを保護して音楽を提供させることには、非常に大きな社会的な意味があった。

　音楽が個人の愉しみというよりは、社会的機能を担うものであったという事実は、当時の音楽理論の中心テーマでもあった**様式論**にも反映してい

---

1　一般社団法人コンサートプロモーターズ協会、「ライブ市場調査データ」2014年4月1日発行調査結果。閲覧日　2015年7月24日、http://www.acpc.or.jp/marketing/kiso_detail.php?year=2014

る。様式"Style"という言葉はラテン語のペンに由来し、様式論は音楽の「書き方」に関する理論である。17世紀末頃までの様式論においては、音楽の書法を**教会様式**と**宮廷様式**、**劇場様式**の三種類に大きく分類することが一般的であった。教会様式はおもに16世紀の宗教的声楽ポリフォニーに代表されるような厳格な作曲技法による書法を表し、宮廷様式は器楽を含むことの可能なより自由な様式を表す。そして、劇場様式はレチタティーヴォや朗唱様式、多彩な器楽を含む音楽様式を表した。それぞれの場にふさわしい音楽の「書き方」があると推奨されていた。しかし、様式論はしばしば単なる音楽の書き方、すなわち書法・作曲法の理論に留まらず、音楽の種類と機能をめぐる音楽の思弁的存在論とも言える哲学的な内容を含んでいた[2]。これらには複雑怪奇な哲学的・思弁的論考が記され、今日の我々には非常に分かりにくい部分がある。様式論がここまで複雑化していった理由は、教会音楽が教会様式で書かれ、宮廷音楽が宮廷様式で書かれ、劇音楽が劇場様式で書かれるといった、一対一対応の単純なものではなかったからであろう。作曲家たちは状況に応じてあらゆる場所であらゆる技法を使って音楽表現を行っており、あらゆる可能性に対してかなり自由であったからである。

　様式の三分類の概念が一般に語られていたのは、少なくとも17世紀の終わりまでは、教会、宮廷、劇場という3つの場に集う人々が、音楽の中心的な支え手・担い手であったということを反映していると考えられる。18世紀になると、様式分類は流動化し、様式論が複雑化していく。それは、市民社会化の進行と同時に、音楽を演奏する場に適した様式で作らなければならないという意識が希薄化してゆき、音楽様式の厳格な分類も流動化したためである。本章では、その変化の過程を見ていくことにしよう。

## 1. 宗教と音楽

　キリスト教会内で音楽が極めて重要視された背景には、中世以来引き継がれてきた音楽思想が17世紀においても強く根づいていたということが考

---

2　佐藤望『ドイツ・バロック器楽論』、東京：慶應義塾大学出版会、2005年、56–80頁を参照。

えられる。西洋世界においても、音楽を単なる娯楽や享楽であるとする考え方、あるいは多くの民族に見られるように、呪術的な力をもつとする考え方はもちろんあった。しかし、それ以上に、音楽は常に知の根幹にあるものと位置づけられてきた。

　我々が音楽と呼ぶものは、中世を通じて、ラテン語でムジカ、ハルモニアあるいはカントゥスと呼ばれた。カントゥスは歌や楽曲一般、音階や多声のパートなどを表す幅広い意味で使われる言葉だったが、ムジカやハルモニアは、日本語で音楽とか和声とかいうよりも、もっと深く形而上学的な意味合いで使用される言葉であった。中世の音楽思想においては、ムジカやハルモニアは第一義的には数の秩序、数学的秩序と関連があった。この思想は、古代ギリシアの数学理論、音楽理論から引き継がれていた。ピュタゴラス派の数理理論以来、和音すなわちハルモニアは数理的根拠によって成り立つものであり、ハルモニアはすなわち調和であり、ときに協和的であったり、ときに不協和であったりする。ムジカはすなわちハルモニアであり、ハルモニアはすなわち数学という考え方は、古代ギリシア時代を源流としてヨーロッパ文化が引き継いだ思想であった。

　ヨーロッパでは中世を通じ、ムジカは学問の一領域であった。中世の教養人が学ぶべき7領域の学問は、**自由七科**［Septem artes liberales］と呼ばれるが、そのなかには、数に関わる四科と、言葉に関わる三科があった。四科とは、幾何学・算術・天文学・音楽であり、三科とは文法・修辞学・論理学であった。**ムジカ**［Musica］は**ハルモニア**［Harmonia 調和、ハーモニー、音楽］そのものであり、それはラツィオ［Ratio 数比、合理性］といった概念に関係し、ラツィオの学問そのものである幾何学やその基礎となる算術、さらに数理的原理によって支配される天体の動きを解明する天文学と同一の領域のものとみなされていた。天体に見られるような完全な調和は、数に還元される合理的原理によって成り立っているとし、このようなムジカとハルモニアは、宇宙創造者の完全なる秩序を反映していると考えられた。これは、5世紀のローマの哲学者であり、数学者、思想家でもあったボエティウスが確立した理論の体系だが、バロック時代にまで伝承され続け、影響を及ぼし続ける。

　**ボエティウス**は、ムジカは、宇宙に満ちる秩序であり、天体の秩序ある

動きは音楽の秩序と相応関係にあると考える。この概念は、宇宙と世界は神の創造した秩序に満たされているとする思想と結びついていた。さらに、人間の霊魂と肉体も神の秩序による創造物であり、ムジカはそれゆえに人の倫理的行動を支配することができると考える。ボエティウスの音楽理論は、古代のアリストテレスの音楽思想から影響を受けており、古代ギリシアの音楽理論をローマ・キリスト教思想の文脈で再体系化したものということができる。すなわち、神の創造した世界、宇宙は、神の秩序そのものによって成り立っており、その神秘の片鱗は数理的な学究によって解明することができるとする。神の世界である宇宙の調和や、人間の霊魂と肉体の調和に相応する存在として、その中心にあったのが音楽であった。ムジカは神の創造の神秘そのものであり、人間の領域と神の領域との間で調和的に鳴り響くものだった。

　現代における音楽が、個人の趣味、嗜好の対象であり、人間が感覚的に楽しむものであると考えられているのに対し、古代の音楽論では、音楽を、人知を越えた神の秩序に支配されるものであると捉え、人間も音楽を通じてその力に揺り動かされると信じられていた。

## 2. 宗教改革がもたらしたもの

　今日の我々の常識では、音楽は、社会的なものというよりもむしろ、人の趣味や嗜好に関するものであり、個人的で感覚的なものである。西洋世界において、人間が音楽を個人的で感覚的なものであると捉える方向へと変化する分岐点は、宗教改革の時代にあったと言うことができるだろう。なぜならば、**宗教改革**は、教会の権威によらず、個々の人間と神との直接的な関係を問う新しい信仰の覚醒運動だったが、それは神の世界と人間の世界の関わりにおける思想的変化にも影響を及ぼし、ひいては音楽をめぐる世界観の変化も促していくのである。しかし、神の世界と音楽の関係性についての捉え方は、ドイツの改革者マルティン・ルター（1483−1546）とスイス・フランス語圏のジャン・カルヴァン（1509−64）とでは決定的に異なっていた。ルターは、中世以来の神の秩序としての音楽思想、神の恩寵としての音楽の思想をほぼそのまま継承しようとする。一方、カルヴァ

ンは、音楽の感覚を奢侈と罪の象徴として制限的に取り扱おうとする。その姿勢は、対抗宗教改革後のローマ・カトリック教会が、音楽は人間的で感覚的なものであり、それゆえに人を罪に陥れる誘惑であると捉える方向性と奇妙に共通していた。もちろん、それぞれの教会で音楽が実際にどのように取り扱われたかという事情は、もっと複雑であったが、思想の根幹に限って言えば、以上述べた通りである。

　ローマ・カトリック教会においては、**対抗宗教改革（反宗教改革）** の思想が音楽においては強く反映し、公式の教会法においては1600年に出されたクレメンス8世の司教定式書で、オルガン以外の楽器の使用は一切禁止とされていた。さらに、オルガンも非常に制約を受けた形で使用されることが定められていた。この定式書は16世紀半ばのトリエント公会議の決定ではじめて文書化されたものとして引き継がれ、19世紀末、1886年にレオ8世によって改訂されるが、楽器の使用の定めについては変わらなかった。オルガンの典礼上の役割がはじめて明示されるのは、1962～65年の第二ヴァチカン公会議においてであった[3]。しかし、実際のところカトリック教会では、この規則が厳格に守られたということはあまりなく、オルガンやその他の楽器は使い続けられていた。何百年も続いた実態に呼応する形で教会法が公式に改められたのである。それは、音楽に関することに限らず、法や規則がすべての末端教会の実態を規定するわけではないという、カトリック教会独特のおおらかさによるものとも言えるだろう。

　しかし、**カルヴァン派**は、当初ローマ教会よりももっとラディカルであった。カルヴァン派教会では多声の音楽は基本的に教会を乱すものだと考えられ、単声の聖歌以外の教会音楽を基本的には一切禁止した。楽器の使用は旧約時代のユダヤ世界の罪の習慣によるものとして、教会および礼拝での使用を一切認めなかったのである。また、音楽のみならず、芸術や偶像の取り扱いにおいて非常に厳格な立場を取るカルヴァン派と、音楽に寛容というかむしろ音楽を積極的に奨励したルター派との間には大きな違いがあった。同じ宗教の同志であり、ローマ・カトリック教会を共通の敵とし

---

3　Helmut Hucke, "Zur Situation der Orgeln in der katholischen Kirche," in *Orgel und Orgelmusik Heute* [...], ed. Hans Heinrich Eggebrecht (Stuttgart: Musikwissenschaftliche Verlag-Gesellschaft, 1968), 132–138.

ていながら、カルヴァン派教会とルター派教会は典礼上や神学上の相違、生活規律の厳格さという点で激しく対立する。17世紀の説教集を読んでいると、ルター派の牧師や説教師たちが公開の礼拝説教でローマ・カトリック教会だけでなく、カルヴァン、ツヴィングリ、ベザらとその一派をも激しく非難するという場面は決して珍しくない。カルヴァンやツヴィングリの芸術を否定する態度は、**聖像破壊（イコノクラスム）**運動の遠因にもなったことはよく知られている。

　1531年、南ドイツの町ウルム（この町はルター派教会となっていたが）の聖堂に、カルヴァン・ツヴィングリ派に属すると称する一派がやってきて、オルガンを破壊した。彼らは大きなパイプ・オルガンを引き倒すことができないため、オルガンにロープと鎖を巻きつけ、教会の礼拝堂に馬を何頭も連れてきて鎖を引かせて、オルガンを引き倒し瓦礫にしたと伝えられる。この出来事は、1624年にウルムの教会に新しいオルガンが設置された際、ディートリヒという牧師のオルガン奉献説教で語られる[4]。この説教はオルガン破壊事件から93年後のもので、100年近くもの間、憎悪の歴史が、人々の口に語り継がれていたことになる。もちろん、カルヴァン派教会で、音楽を罪徴として扱う傾向は17世紀を通じて次第に和らいでいく。しかし、音楽が神の秩序の創造物から、人間的感覚のものへと、その捉えられ方が変化する傾向を、当初のカルヴァン派教理は決定づけたと言うことができるだろう。

　一方、ドイツの宗教改革者**マルティン・ルター**は、その新しい信仰活動のなかで、音楽を積極的に用いることを奨励した。「天は神の栄光を物語り、大地はその御手の業を述べ伝える。昼は昼に語り、夜は夜に知識を伝える。それは言葉でも語りでもない。人はその声を聞かないからである。その言葉はすべての国々へと至り、その語りは世界の果てにまで及ぶ。」（旧約聖書、詩編第19編、ルター訳聖書からの直訳）という言葉には、ルター派の作曲家たちによって、しばしば曲がつけられた。ルターは詩編講解の該当

---

4　Conrad Dieterich, *Vlmische Orgel Predigt: Darinn von der Instrumental-Music inns gemein, sonderlich aber von dero Orgeln Erfindung vnd Gebrauch, in der Kirchen Gottes, von Anfang der Welt biß hieher, kürtzlich discurriret, zugleich auch die schöne herzliche Vlmer Orgel beschrieben wirdt; Gehalten zu Vlm im Münster, an dessen Kirchweyhtag, den I. Augusti dieses 1624. Jahrs*（Ulm, 1624）.

部分で、天の語りとは、救済の約束の福音と説き、「福音とは神への賛美以外の何物でもない」[5]と述べる。神に創造された世界と人間が、神の語りと神への賛美によって合一し、その賛美は宇宙に満ちるという世界観を表している。

　ルター派教会の音楽家たちは、音楽は神の恵みであるというルターの言葉を繰り返し、音楽による人間と天の世界との合一ということを念頭に置きながら音楽活動を行っていた。しかし、17世紀が終盤にさしかかる頃には、こうした確固とした音楽思想が揺らぎ始める。17世紀後半を境にルター派内部においても、音楽が個人的で感覚的なものであると捉える傾向が強まっていったからである。そして、音楽によって人間が享楽に興じることの罪に対する批判の声が激しく上がり始めるのである。この批判の声は、バッハの時代にまで連綿と続く。今日の我々は17世紀から18世紀にかけての時代を、ドイツ宗教音楽の黄金時代とみなしている。しかし、輝かしい教会音楽の興隆の陰で音楽を罪の象徴と断じ、教会から排斥しようとする思想的な動きがあったことは興味深い。こうした音楽の倫理性に関する批判は、教会音楽がオペラや宮廷音楽の要素をたぶんに取り入れ始めていたことが影響している。ただし、それだけではない。宗教改革の運動は、そもそも宗教を社会的・政治的なものから切り離し、個々の人間と神との関係を問うものであったが、それがもたらした自我の覚醒が、人々と音楽との関わりに変化を与えたことも関係していると言えるだろう。つまり、人々はやがて音楽を天から与えられる神の恵みというのではなく、自らの心の声であり、自らの感覚で評価するべき対象であるとみなすように変化していったのである。

## 3. 宮廷音楽の鏡——フランス

　17〜18世紀にかけての時代、職業音楽家たちが憧れ、目指した最高の地位は、その地域における宮廷音楽家になることであった。カトリック教会においては、対抗宗教改革に伴う教会法の制限もあり、音楽家の地位は安

---

[5] Martin Luther, *Luthers Psalm-Auslegung* (Göttingen: Vandenhoeck & Ruprecht, 1958), 258.

定したものではなかった。多くの場合、音楽は聖職者や修道士たちが持ち回りで担当するものであった。また、ルター派教会では、教会付属学校で音楽教育を専門とし、かつ教会音楽を司るカントルという職が置かれる。しかし、この職は学校教師の役割を中心としており、必ずしも最高の地位というわけではなかった。もちろん、町の大きさや状況によって、音楽家の雇用条件はさまざまで一概には言えないが、大宮廷の音楽家の地位は、教会音楽家よりも上というのは、一般的な認識であった。

　宮廷にとって、音楽はどのような意味をもっていたのだろうか。もちろん、国王や貴族たちの個人的楽しみという側面もあっただろう。しかし、それよりも重要だったのは、宮廷に必ず置かれた宮廷礼拝堂における教会音楽であった。ところが、18世紀が進むにつれて、宮廷礼拝堂における教会音楽よりも、オペラや世俗的祝祭・祝典のための音楽を提供することに、より重きが置かれるようになる。個々の宮廷が音楽家を保護したのは、国威発揚という側面が強かった。優れた音楽家を擁し、大規模な音楽を演奏できること、とりわけオペラの上演が可能であることは、宮廷と国の威信を示すことにほかならなかった。宮廷楽団の規模は、その国の規模と財政状況に依存するものであったから、より大きな宮殿を擁し、より多くの装飾美術品を所有し、さらに、より大きな優秀な楽団を持つということを、領主たちは重要視したのである。

　そのなかで最高峰と認められたのが、フランス王家の宮廷音楽であった。ルイ14世治世下のフランス王宮の音楽は、あらゆる意味で宮廷音楽の規範であり、諸外国を含む人々の羨望と憧憬の的であった。フランス王の作曲家、**ジャン＝バティスト・リュリ**（1632-87）は14歳でイタリアからパリに来て以来、小姓から国王の楽団総監督にまで上り詰めた人物である。彼は長期にわたってヨーロッパの音楽界で絶大な影響力をもつようになる。リュリが提供したものは、フランスが独自の文化と力を誇るための音楽である。

　フランスでつちかわれ、リュリが完成したもののひとつに、壮麗な器楽合奏の手法があった。フランス王宮廷では、17世紀前半にヨーロッパ最初の常設オーケストラと言っても良い「**国王の24人のヴァイオリン合奏団 Les Vingt-quatre Violons du Roi**」が組織されていた。この組織は文字通り24のヴァイオリン奏者からなるが、多くの場合12人の管楽器奏者〔Grands

Hautbois] によって補強された。伝統的に5声を基調とし、高声部（ドゥッシュ）に6人のヴァイオリンを置き、中声部（オートコントル、テーユ、カント）に各4人、バスに6人 であった。リュリはそのなかからさらに選抜された16人の合奏体であるプティット・バンドを編成する。

また、リュリが実践したのは、ドイツやイタリアで進んでいた対位法の高度化という方向ではなく、音楽の響きとジェスチャーを重視した宮廷音楽の規範を作り上げることであった。作曲技法そのものではなく、「**マニエ manier**」と呼ばれた演奏の手法と趣味、洗練された音を発する感覚こそが彼の目指したフランス音楽の本質であった。一見すると、リュリの合奏音楽の楽譜は、どれもパターン化されて変化と工夫に欠ける音楽のように見える。しかし、楽譜の音の並びには現れない、洗練された「音のジェスチャー」がそこに存在した。そのジェスチャーこそが、高貴な香り漂うフランス王宮文化への憧憬を呼び起こして、人々の心を動かしたのであろう。

楽譜に現れない音のジェスチャーの一端は、いくつかの重要な資料が伝えてくれている。リュリの時代のフランス音楽の演奏習慣について詳細に記録したとりわけ重要な資料に、**ゲオルク・ムファット**（1653 – 1704）の文書がある。ムファットは十代でリュリのもとで学び、フランス音楽の演奏習慣を身につけた。彼が晩年に出版した《音楽の花束 第2巻 Florilegium Secundum》（1698）には、彼がリュリから学んだとする演奏の習慣が詳細に記されている。ヴァイオリンの整然としたボーイングが出すニュアンス、種々の装飾の手法、テンポの決め方のほかに、楽器編成や各パートの楽器の組み合わせ、といった情報が詳細に記載されている。演奏の方法は通常、口頭伝承され、記録されて伝えられることは極めて稀である。ムファットが記した演奏法に関する記述は丁寧で、細部にわたっており、彼が活躍したドイツ語圏において、この音のジェスチャーがあまり理解されていなかったことを、彼は嘆いている。もっとも、彼はイタリアでも学んでおり、リュリに学んでからかなりの時間を経てからこの曲集を出版しているので、それがリュリの演奏法と異なる部分がある可能性も考慮に入れなければならないが。

しかしいずれにしても、バレを核としたフランス宮廷の音楽文化は舞踊のもつジェスチャーを音楽に映し取り、フランス音楽の特徴はそれを反映

## 第5章 音楽の担い手、支え手たち

して、強弱やその変化が極端でなく、中庸さ、優雅さをたたえ、あからさまな技巧を避けて、精緻で、品があることと、一般に認識されていた[6]。

18世紀に入っても、リュリの確立したフランスのスタイルは同国の伝統であり続けた。しかし、この時期になるとイタリアの新しい楽曲のスタイルと、とりわけ弦楽器における発達した技術がフランスにも急激に影響を及ぼし始める。それはフランス王家の支配力と影響力の低下と重なっている。

太陽王と呼ばれた**ルイ14世**は、1682年にサン・ジェルマンからヴェルサイユに移る。作曲家リュリとフランス・オペラの凋落がこの頃から始まる。その理由としては、ヴェルサイユに移った後の王の音楽的志向がグラン・モテのような宗教音楽に向いていくことと、戦費やヴェルサイユ建設などの過剰出費による財政悪化が挙げられる。王の宗教音楽への傾倒と、リュリの音楽が遠ざけられるようになることには、王妃の死後、秘密の王妃として影響力を増していくマントノン夫人が関係していると、リュリ研究者らは推測している[7]。彼女は宗教的にもとても敬虔であり、何よりもリュリの放縦な私生活に強い嫌悪感を抱いていた。小姓と関係をもった事件をきっかけにリュリは王の寵を失い、たび重なるリュリの謝罪と復権の請願は退けられる。そこには、宗教音楽を通じて自らの敬虔さを示すことによって、陰りを見せる太陽王の威光を、再び取り戻そうという王自身の意向もあったのかもしれない。

また、財政悪化に関して言えば、オペラ上演には巨額の費用がかかった。音楽家への賃金もさることながら、支出として意外にも大きな比重を占めたのは、当時の劇場のシャンデリアの点灯のため、また舞台照明のために床に置かれたロウソクの費用だったという。当時のロウソクは非常に高価だった。どれくらい高価かデータに基づいて推測してみよう。17世紀末のフランスの事情は分からないが、18世紀半ばのロンドンの物価は記録がある。時代・地域の異なるデータではあるが、鯨脂の普及や工業技術革新前

---

6 フランソワ・ラグネとシャルル・ド・ブロスが18世紀に記したイタリア音楽とフランス音楽の比較に関する考察は下記の書物を参照されたい。Cyr Mary, *Style and Performance for Bowed String Instruments in French Baroque Music* (Farnham: Ashgate, 2012), part I, chap. 2.
7 Georgia J. Cowart, *The Triumph of Pleasure: Louis XIV and the Politics of Spectacle* (Chicago: University of Chicago Press, 2005), 139.

のロウは蜜ロウで、その価格を推測するには役に立つ。それによると、ロウソク1ポンドが2シリング10ペンスで、未熟練労働者の週賃金が9シリングだったという[8]。仮に直径1インチ、長さ10インチのロウソクを用意したとすると、その重さは約95g、3.38オンスになる[9]。このサイズだと、ロウ1ポンドから約4本分のロウソクが取れる。そのロウソクを仮に240本用意したとすると、60ポンド分となる。それを金額にすると170シリング（8ポンド10シリング）が必要になる。これを職人の週賃金に換算すると、労働者の約19週分の給与に相当する。これを今日の通貨価値に換算することを試みてみよう。2016年現在の東京都の最低賃金が932円であるから、週40時間の労働として週給は37,280円であり、19週分の賃金といえば約70万8,320円という計算になる。ヴェルサイユのシャンデリアには1基20〜30本以上ロウソクが必要なものも珍しくないから、一晩のオペラ上演にはとてつもない照明費用がかかったことになる。ヴェルサイユに移ってから、オペラは、大規模な演出や舞台装置なしで上演されるようになる。（厳密な計算はここではできないが、当時と現代の状況の違いを想像するためには、この計算は有益だろう。）

　リュリの死後、王宮でのオペラ上演回数は次第に少なくなる。そして、リュリの支配下にあったパリの**アカデミー・ロワイヤル・ドゥ・ミュジック**と呼ばれたオペラ座が、もっぱらオペラを提供する商業的パブリック・シアターとしての性格を強めていくことになる。しかし、オペラ座は陰っていくリュリの威光になおも頼っていた。リュリの作品がその後も繰り返し上演されていたのである。アカデミー自体も財政難に陥っており、オペラ上演独占権を売り渡すことになる。このようにして、王や貴族による音楽の保護は、やがて力強さを失い、オペラやバレなどの大規模なエンターテインメントは、一般市民の手にゆだねられる方向へと大きく変化しながら、フランスは革命を迎えることになる。

---

8　Liza Picard, *Dr. Johnson's London* (London: Weidenfeld & Nicolson, 2000), 295-296. 邦訳：ライザ・ピカード『18世紀ロンドンの私生活』、田代泰子訳、東京：東京書籍、2002年、342頁。

9　2インチ直径の蜜ロウのロウソクの重さは1インチあたり38g。"Candle Science," Q&A "How much wax will my mold hold?," accessed July 12, 2016, http://support.candlescience.com.

## 4. 音楽ファンの出現

　貴族社会の凋落はヨーロッパじゅうで始まっていた。世界史の大きな流れで言えば、君主制の社会は崩れ、産業化や流通の高度化によって財力をつけたブルジョア（市民）階層が実権を握っていく。しかし、この歴史の転換は、何度も揺り戻しを繰り返しながら進んでいった。17世紀から18世紀のヨーロッパ社会は、いわば、貴族社会と市民社会のまだら模様を万華鏡のように変化させていた。

　財力をもったブルジョアは、あるときには、貴族社会の文化を否定し破壊してきたが、あるときには、貴族に対する羨望や憧れも抱いていた。音楽の以後の担い手としてブルジョアが成長したのには、この羨望と憧れのエネルギーがあったことは間違いない。こうした雰囲気をよく表しているオペラに、《**町人貴族** Le Bourgeois gentilhomme》がある。これは、**モリエール**（1622-73）の台本と、リュリの音楽による**コメディ・バレ**と呼ばれるジャンルのオペラである。財力をつけたブルジョアが高価な衣装を身につけ、多くの使用人に囲まれてなに不自由なく生活する。しかし、彼に足りないものは文芸や芸術に対する教養であった。それを身につけて貴族のようになりたいと思った彼は、音楽教師、舞踊教師などを雇ってレッスンを受ける。しかし、それは一朝一夕にはいかない。いくらお金をもっていても、なかなか貴族ではない生まれ育ちを隠すことができない。そうした町人を冷笑する貴族の目から、物語は描かれている。こうした蔑みの目に対するコンプレックスは、社会を動かす原動力にもなった。ブルジョアたちは、文芸や学問、芸術に対する教養を身につけることによって、そのコンプレックスを解消しようとしたのである。ブルジョア社会、あるいは市民社会の興隆とともに音楽文化の質は次第に変化していく。

### 1) コンサートの出現

　市民社会の興隆による音楽文化の変化は、17世紀初頭からの一般市民が参加できる公開演奏会の増加によって示される。君主制から市民社会への移行には数百年の時間がかかったと述べたが、公開コンサートの出現と発

展と、市民社会への移行には明らかに相関関係がある。市民が入場できるコンサートには、いくつかの先駆け現象があった。オランダのアムステルダムの旧教会（Oude Kerk）では17世紀の初頭に、市の主催でオルガニストの**ヤン・ピーテルスゾーン・スヴェーリンク**（1562-1621）によるオルガン・コンサートがしばしば開催されていた。こうしたコンサートが開かれたのは、カルヴァン派教会が公式には礼拝でのオルガン使用を禁じていたという背景があった。もっと組織的に開催されたかたちのコンサートとしては、17世紀前半から始まったドイツ、**リューベックのアーベントムジーク**がある。アーベントムジーク（夕べの音楽）は、証券取引所に向かう前に商人たちが聖マリア教会に集っていた際に、当地のオルガニスト、**フランツ・トゥンダー**（1614-67）がしばしばオルガンを弾いていたことから始まった。その演奏会はやがて器楽と声楽を多彩に含む大規模なものとなっていった。トゥンダーの後継者であった**ディートリヒ・ブクステフーデ**（1637頃-1707）がアーベントムジークの評判をさらに高めた[10]。20歳の若きヨハン・ゼバスティアン・バッハが、はるばる400kmの道のりを歩いてブクステフーデの音楽を聴きに行ったという逸話は有名である。

　音楽の市民社会化と商業化が最も大規模だったのは、イギリス、とりわけロンドンであった。それは、イギリスが当時、世界最大規模の通商の拠点であり、貴族に限らず多くの一般市民が広く音楽に興味をもち始めていたからである。こうした背景において、最初の商業コンサートを始めたのが、**ジョン・バニスター**（1624/5-79）という人物だった。1624年にロンドンで生まれたヴァイオリン奏者のバニスターは、当初さまざまな楽団に所属するが、宮廷などにおける定職は得られなかった。彼は、フランスにも出かけ、音楽探訪放浪の旅をする。そして短期職として、ポーツマスへの王の行幸に随行する楽団員12人のヴァイオリニストを選ぶ任務が1662年に与えられる。彼は自らをイングランドのリュリとして宣伝するようになった。その後宮廷音楽家の地位を得るが、楽団のヴァイオリニストたちが、金の使い込みを理由に彼に対する抗議文を送ったことがきっかけで王の反感を買い、不従順のかどで解雇されてしまう。このことは、彼が一般公開

---

10　Kerala Snyder, *Dieterich Buxtehude: Organist in Lübeck* (Rochester: University Rochester Press, 1987), 55-57.

コンサートを手がけるきっかけとなった。彼は自身で24人のヴァイオリニストを抱え、公開コンサート活動にいそしむようになる。1672年から新聞広告を出して、広く一般を対象にした。当時の音楽愛好家・法律家・音楽記述家であった**ロジャー・ノース**（1651－1734）は次のように報告している。その音楽は安っぽく、酒場風の暗い部屋で、町の「放浪音楽家 most of the shack-performers」や多くの音楽家が加わり、「物珍しい音楽 much curiosity」を集めたものだったという。例えばバニスターは「フラジョレットでコンサートを弾いた」とあるから[11]、伝統的な音楽を高音で面白おかしく演奏したのではないかと想像される。

ロンドンのコンサートシーンは、このように多少いかがわしい感じで始まってはいるが、18世紀に向けて、富を蓄えた一般市民の音楽愛好熱は、貴族的生活への憧れをエネルギーに勢いを増していく。そして、ロンドンは音楽、コンサート・ビジネスの一大マーケットとして成長する。音楽家を庇護する教会や宮廷の力が失われていくこの時代、ヘンデル、少し後にはモーツァルト、そしてイタリア、フランスの多くの作曲家・音楽家が、ここに活路を見いだそうと進出してくるのである。

## 2) 対照的なヘンデルとバッハ

バロック後期の巨匠ジョージ・フリデリック・ヘンデル（1685－1759）と、ヨハン・ゼバスティアン・バッハは、同じ1685年に、同じザクセン・チューリンゲン地方に生まれたが、二人の対照的な人生は、この時代の社会背景を象徴的に表している。バッハは教会音楽家として地域に残り、生涯の間かなり狭い地域でのみ活動した。最終的には、音楽の秘技的な側面を果てしなく掘り下げ、完璧な技法による完璧な音楽作品をかたちにするということに傾注していった。

しかし、ヘンデルの歩んだ道は、これとはまったく異なる。彼は明らかに、音楽がビジネスになることを認識していた。彼は若い時代にハンザ同盟の拠点だったハンブルクのオペラに加わり、その国際的な雰囲気を知っ

---

11 "Banister, John," in *A Biographical Dictionary of Actors, Actresses, Musicians, Dancers*, Volume 1, ed. Philip H. Highfill et al. (Carbondale: Southern Illinois University Press, 1973), 251.

た。ハノーファーの宮廷楽長という安定した職を得るが、イングランドとゆかりの深かったハノーファーの宮廷での職務が、かえってヘンデルにとってロンドンという音楽の大消費地へ進出する道を開いた。彼はロンドンで熱狂的に迎えられた。しかし、熱しやすく冷めやすい聴衆のヘンデル人気は長続きしなかった。ヘンデルは、大衆が喜ぶコメディ・オペラではなく、伝統的なギリシア悲劇に基づくまじめなオペラ（いわゆる**オペラ・セリア**）を目指した。しかし、まじめなイタリア・オペラの継続的な興行は長続きせず、彼のオペラ座は莫大な借金を抱えて最終的には破綻する。その直接の引き金となったのは、《乞食オペラ》という大衆オペラの爆発的な成功だった。1728年に登場する《乞食オペラ》は、実在した悪党をもとに描かれたジョン・ゲイ（1685–1732）の戯曲台本によるもので、酒場、娼婦、賭博、盗賊団といった裏社会のシーンと人物だけによって描かれたこの物語には、ふんだんに社会風刺と民衆の不平不満のはけ口となる言葉の表現が含まれている。ドイツ生まれの作曲家ヨハン・クリストフ・ペープシュ（1667–1752）が音楽を担当しているが、その音楽はさまざまな民謡やバラッド、なかにはヘンデルを含むイタリア・オペラの音楽を流用、あるいは拝借してパロディー化し、つなぎ合わせたものである。こうした他人の作品を、歌詞を変えてつなぎ合わせる手法は**パスティッチョ**と呼ばれるもので、当時は盗作、あるいは著作権侵害として非難されることではなかった。ヘンデルを含む多くの作曲家がこうした継ぎ接ぎ細工のオペラを数多く生み出している。

　《乞食オペラ》はレチタティーヴォを含まず、歌と歌の間の語りは台詞でつないでいく。したがって、これがオペラと呼べるかどうかはいささか怪しいが、このオペラの人気はものすごく、初年のシーズンだけで62回も興業を行ったという。《乞食オペラ》の上演の光景を描く図像はいくつか残されているが、図1の版画は、その上演の社会的インパクトをよく捉えている。キャストは動物として描かれ、その「反理性」的性質を風刺している。また、「ハーモニー」と書かれた幟をはためかせる天使はレンブラントの絵画「トビトのもとを去る天使ラファエル」（パリ、ルーブル美術館蔵）の天使像から引用している。このオペラが、種々のハイアートのオペラから歌をいくつも引用していることに当てつけているようである。また、その聴

## 第5章 音楽の担い手、支え手たち 105

衆には非常にさまざまな層の人々が混在しており、座って静かに音楽を傾聴するような状況ではなかったことが、よく見て取れる。

一方、バッハは音楽が「売れる」という観念はほとんどもっていなかったと思われる。彼はいくつかの鍵盤作品(『クラヴィーア練習曲集』の第1部から第4部)を出版しているが、それらは時代の流行に媚びを売ることのない作品だった。当時、よく売れる楽譜は、ドイツでもやはり、軽い舞曲などを収めた楽譜だった。しかし、バッハは素人にはなかなか演奏が困難な、高度な技法を駆使した完璧な作品を仕上げることに固執していた。

17世紀までの間は、音楽家の就職先は教会か、宮廷かにほぼ限られていた。ところが、18世紀になると大都市を中心に、独立して作曲・演奏活動を行う可能性が開けてきたのである。もちろん、独立して芸術活動をする道は細く険しいものであった。より良い音楽をより広く知ってもらいたいとい

図1 《乞食オペラ》上演の風刺画。かつて風刺画家ホガースの作とされていたが、作者不明(ヴィクトリア・アンド・アルバート博物館蔵)。

う気持ちの根底は、バッハもヘンデルも同じだっただろう。バッハは大宮廷の音楽家の地位に就くことを望みながら、ライプツィヒの教会音楽家に留まり、オルガンの名技はかなり知れ渡っていたようだが、ヘンデルのような国際的な名声からはほど遠かった。ヘンデルは、名声は手に入れたものの、興業ビジネスのモデルが定着しなかった当時、破産の憂き目を見ることになる。彼らが最高と思う音楽を、必ずしも大衆は喜んで迎えるわけでも、それに多額のお金を払うわけでもなかったのである。そうした独立した芸術家が歩む苦悩の歴史は、この時代に始まり、モーツァルトやベートーヴェンの時代を経て、現在まで続いている。

## 5. 音楽批評の出現

17世紀までは音楽は職人芸のひとつであり、それは石工や大工、パン職人など数ある職業のひとつであった。今日のように、音楽家やアーティストは、特別な才能を天から与えられた特別な存在であるとして、その作品を観客が鎮座ましまして拝聴するというような姿勢はなかった。もちろん、当時の音楽家のなかには、今日の目から見ても驚くような高度な作曲や演奏の技術を身につけていた者も少なくなかった。しかし、音楽の技術的価値を、音楽家以外で評価できる者は、ほとんどいなかったと言って良いだろう。職人の評価は、実際には職人にしかできなかったのである。高度な技術の伝承によって作られてきた職人技的音楽が、貴族や宗教機関から、一般市民の手に次第に渡り始めたのがこの時代だった。しかし、当時の聴衆でその価値を理解し、評価できたものはそれほど多くなかった。ヘンデルのオペラ座の破綻と、面白おかしく低俗な《乞食オペラ》―― とはいえこのオペラは今日の目から見ればとても「芸術的」なのであるが ―― の大成功というのは、こうした状況を如実に物語っている。

職人の知識に基づく評価眼と、一般大衆の評価眼の大きな乖離は、音楽家にとって不満の種になっていたに違いない。また、一般人の間にも、音楽的教養を身につけたいという需要が高まっていた。公開コンサートとほぼ同時に現れたのが、音楽批評であった。音楽的教養を身につけたい一般の人々の要望に、音楽の専門家が応えようとしたのである。

音楽批評は、今日のような作品評や演奏会評というかたちでなく、音楽教養書、音楽見聞録、回想録、のような形で始まる。バニスターによる演奏会の記録を残した者として紹介したロジャー・ノースは、その種の著述家の先駆けであった。彼は音楽家としての専門教育を受けたわけではない。貴族の出自で官吏の職にあった彼は、アマチュアとして極めて熱心に音楽への関心を深め、『音楽見聞録』を残した[12]。この書物は、彼の存命中には出版に至らなかったが、個人的記録というよりも音楽普及のための情報源として、彼が読み知ったこと、聞き知ったことを人々に伝える意思をもって書きためていったものであることは、その筆致から明らかである。旧来の種々の音楽理論の書物を参照しつつ、伝統に則って、古代の音楽（旧約聖書時代、古代ギリシア時代の音楽、旋法論、楽器論など）をまず要約している。それに続いて当世の音楽に関して広範に記録している。

ドイツでは、やはり官吏であった**ヨハン・マッテゾン**（1681 – 1764）が、一般への音楽の知識の普及に努めた。彼は官吏のキャリアを務めながら、演奏家、作曲家としても活躍し、後に膨大な数の音楽理論書を出版して18世紀ドイツ最大の功績を残した音楽理論家となる。マッテゾンは『音楽批評 Critica musica』（ハンブルク、1722 – 25）という雑誌を定期的に刊行する。これは、音楽批評を含む音楽ジャーナリズムの先駆けとなるものであるが、新しい音楽の価値基準を提供しようと彼は努めるのである。

その後、**ヨハン・アードルフ・シャイベ**（1708 – 76）による『**批判的音楽家 Der critische Musicus**』（ハンブルク、1737 – 40）、**フリードリヒ・ヴィルヘルム・マールプルク**（1718 – 95）による『**シュプレー河畔の批判的音楽家 Der critische Musicus an der Spree**』（ベルリン、1749 – 50）といった定期刊行物がドイツでは刊行されるようになる。シャイベの批評にはヨハン・ゼバスティアン・バッハも登場する。バッハの超絶的オルガン演奏の技法を認めながらも、それは「自然に反した骨折り損」だと皮肉っている[13]。一方、ロジャー・ノース以降のイギリスでは、一般人向けの音楽批評ジャーナリズムが、一般誌や新聞のなかに少しずつ浸透していたようである。18世紀後半に音楽市場がとりわけロンドンで拡大していったことは、

---

12　Roger North, *Memoirs of Musick*, ed. Edward F. Rimbault（London: George Bell, 1846）.
13　角倉一朗編『バッハ資料集』、東京：白水社、1983年、227頁。

これらの新聞記事から読み取れる。そこには、商品化された音楽と市場化された音楽シーンをめぐるさまざまな宣伝と、音楽の美学的な論考によって音楽の価値を高めようとする記事とが交錯する[14]。

　これらの記述は、古い価値観とそれに挑戦する新しい様式、伝統的作曲法と新しい作曲法、知的な音楽と享楽的音楽、外国の音楽と自国の音楽といったさまざまな価値観が交錯し、相克するこの時代の複雑さを反映している。そして、こうした価値論争が、音楽家や音楽理論家間の閉じた情報交換の場で行われるのではなく、一般の音楽ファンたちに開かれた雑誌や書物といったメディアを通じて行われたという事実は、音楽が特権階級だけのものではなく、ブルジョワすなわち市民に開かれ、そして彼らこそが音楽の主たる支え手、担い手となっていく端緒を開いた時代の変化の象徴でもあった。

---

14　Fred Everett Maus, et al., "Criticism," *GMO*, accessed September 9, 2015.

# 第6章

## ムジカ・フェミニーナ vs. ムジカ・ムスクリーナ、あるいは Musica muliebris vs. Musica virilis[1]

「ガンバ弾きの女」(ドレスデン美術館蔵)。ベルナルド・ストロッツィの油彩画。17世紀ヴェネツィアで活躍した女性作曲家バルバラ・ストロッツィ (1619-77) のパトロンであったニコロ・サグレードが所蔵していたことから、彼女の肖像画だと推測されている。

本章では、音楽史研究におけるジェンダー論、セクシュアリティー論について考えてみたい。バロック音楽論を語っている本書で、突然ジェンダー論、セクシュアリティー論を取り上げることを、奇異に感じる読者も多いであろう。20世紀後半以降、北米を中心に、ジェンダーすなわち性別や性差、セクシュアリティーすなわち性的指向に関わるさまざまな問題を巡って、社会現象、歴史現象、文学、芸術作品、そして音楽を読み解き、解釈しようとする試みがさかんに行われた。これは、バロック音楽研究にも少なからず影響を及ぼしている。とりわけ、劇音楽やオペラを読み解く際に、ジェンダーやセクシュアリティーをめぐる視点からの研究が多く取り入れられるようになった。こうした視点を、これまで日本で出版された音楽史の教科書や音楽通史はほぼ完全に無視している。音楽史の現代的な見方、考え方について論じている本書が、この問題を素通りするわけにはいかない。
　ジェンダーという言葉は、本来男女をどのように分け、規定するかを意味する。セクシュアリティーは、人間の性的指向という本来の意味に加えて、性的欲望ならびに人間を性的存在として批判的に捉える方法という意味で用いられる。しかし、広く一般においては、「ジェンダー」という言葉で、人間の性や性差、性的指向まですべての問題群をひっくるめて理解しようとする傾向が顕著であり、しばしば混乱した議論が行われている。しかし、生物学的な性（セックス）、社会的に作られた性（狭義のジェンダー）、セクシュアリティー（性的指向）は、本来別々に分析しなければならない異なるカテゴリーと考えるべきである。もっとも一方において、これらのカテゴリーが互いに複雑に関連し合っていることも事実である。そこで本章では、これら人間の性をめぐるあらゆる問題を総体として捉えて、ジェンダーを論じることにしよう。20世紀のジェンダー研究は、社会・文化の根底に存在する性（男性的・女性的）の表象（政治権力、社会構造の反映として、あるいは文化における男女観の反映として、あるいは音楽表現手段

---

[1]　「ムジカ・フェミニーナ」、「ムジカ・ムスクリーナ」というのは、歴史的な用語ではなく、筆者の造語である。ラテン語的には、「ムジカ・ムリエブリス Musica muliebris」、「ムジカ・ヴィリリス Musica virilis」という表現の方が適切かもしれない。当時の理論には、「ムジカ」すなわち音楽とそれを巡る知の体系を、theorica（理論的）・practica（実践的）・divina（神の）・humana（人間の）のように分類して論じることがよくあった。それに倣い、直訳すれば「男性の音楽・女性の音楽」となるこの言葉を本章のタイトルとし、音楽におけるジェンダー、セクシュアリティーの問題について考える。

としての性の役割）に着目してきた。そしてそれらが、音楽作品・音楽文化・人間の音楽的営みのなかにどのように見出されるか、また、これまで見落とされてきた、あるいは故意に無視されてきた音楽の隠された意味を明らかにしようとした。このことの意義は極めて大きい。そこでそれらの視点が、バロック時代の音楽とその理解にどのように関わりをもつのか、ということについて考えてみることにしよう。

## 1. アメリカの社会背景とジェンダー論

　ジェンダー論、セクシュアリティー論の脈絡で音楽を研究することは、とくに1980年代頃からアメリカを中心に盛んになり、それは一部、ヨーロッパ、および日本にも波及した。北米やイギリスにおいては、音楽におけるジェンダー論、セクシュアリティー論は一定の認知を受け、音楽学の一分野としての地位を獲得した。それに対して、ドイツやフランスその他の大陸ヨーロッパや、日本を含むアジアではそれほど認知されていない。ジェンダー論的音楽研究というのは何となく際物的な扱いを受け、ぽかんとするか、無視をしないまでも、この問題になると口を噤む研究者は多い。（北米にもそうした研究者は今でも多くいる。）この問題をめぐる研究者らの意識の差がなぜここまで大きいのかは、おもにアメリカ社会の歴史的背景が関係している。もちろん、ジェンダーをめぐる問題はどこの国にも地域にも存在するが、それを顕在化し、学問的レベルにまで押し上げる素地がこの社会ではとりわけ強かった。第二次世界大戦中に多くのドイツ人音楽学者がアメリカに渡った影響もあり、アメリカの音楽学は当初ドイツの伝統に強く影響を受けていた。しかし、その後アメリカ独自の社会的・文化的状況に呼応して、方法論や領域において、他国とは異なる新しい展開が繰り広げられてきたのである。

　アメリカにおける音楽のジェンダー研究は、1960年代から盛んになってきた女性解放運動にそのルーツをもつ。女性解放運動は世界各地に起こっていたが、アメリカではこれが時代的に公民権運動と結びついていたことが大きな特徴と言える。公民権運動は、マイノリティ、とりわけ黒人の社会的平等を獲得するための運動であった。これは、社会の根底を揺るがす

運動となる。こうした社会的な運動やそれによる人々の意識の変化は、学問の諸領域にも波及していく。それまでの西洋の民族学（あるいは人類学）は、自分たちの社会・文化を、非西洋の諸民族と比較しながら、暗黙に自分たちの優位性を示そうとするものであったが、そうした研究姿勢は糾弾され修正されていく。それと同時に音楽の分野では、諸民族の音楽を研究する民族音楽学という学問領域が生まれ、諸民族が育んできた音楽文化、音楽芸術の独自の価値を発見し、その歴史的・社会的意味や、受容者にとっての意味を解釈する学問として発達していった。この学問分野の方法論を確立し、育んでいったのも北米であった。

　音楽学において、ジェンダーの問題がクローズアップされるようになったのは、その延長線上でのことである。少なくとも20世紀の前半までのアメリカ社会は、アングロ・サクソン系白人、プロテスタントのキリスト教徒の社会であり、男性でかつ異性愛者であることが、エリートの条件であった。この暗黙にして厳然たる前提が、有色人種、女性、他宗教、他民族に対する抑圧のメカニズムとして働いていた。こうした抑圧のメカニズムを打ち破ろうと、さまざまな運動が展開された。こうした運動はときに激しい嫌悪の対象となり、ときに弾圧されたり、暴力によって抑圧されたりしてきた。多数派の優越感と、自分たちの特権が失われるかもしれないという恐怖心が、嫌悪、抑圧、暴力を生んできた。

　しかし一方で、アメリカの歴史は、そうした社会的不平等、教育格差、社会・政治参加における格差など、あらゆる抑圧と差別との闘いの歴史でもあった。特権階級にいる者が、逆に抑圧や差別を受けた人々の存在と向き合い、その特権を手放しながら、新しい秩序と国のかたちを作ってきたのもアメリカである。そこでは、黒人、女性、ヒスパニック系移民、ゲイ、レズビアン、心と体の性の不一致な人、といった、時代ごとにクローズアップされてきた対象への差別や偏見、抑圧と常に闘いながら、社会を変革し、克服し、それまでどこにもなかった社会を形作ってきた。こうした社会の展開が、「ニュー・ミュージコロジー」[2]と言われる新しい研究の土壌となった

---

2　ニュー・ミュージコロジーと言われる北米を中心とした研究展開については下記の書物を参考にしてほしい。福中冬子　訳・解説『ニュー・ミュージコロジー――音楽作品を「読む」批評理論』、東京：慶應義塾大学出版会、2013年。

のである。ニュー・ミュージコロジーは、旧来のマジョリティが暗黙のうちに誇ってきた価値観の政治性や暴力性、抑圧性を白日の下にさらしていく。このように、ジェンダー研究は、この時代の社会運動に学問が呼応した結果として現れるのである。

やがてアメリカの音楽学は、質・量ともにヨーロッパの学問的生産を凌駕するようになった。アメリカ独自のジェンダー論をどう捉えるか、というのはもちろん、ヨーロッパでも日本でも重要な課題となっている。

## 2. ジェンダー論的音楽論の2つの波

ジェンダー論的音楽研究には、2つの波があったと言われる。第一の波は女性作曲家研究に集中した潮流であり、第二の波は、もう少し形而上学的な意味で、ジェンダー論的観点から、歴史、作品、音楽の批評を行う研究である。この第一の波、第二の波は、ジェンダーをめぐる論議の時代的背景を反映している。1960年代前後までの男女平等と女性の社会的地位の向上がうたわれた時代には、性差は社会的に作られるものであるという主張をする研究が多く現れるようになる。例えば、「男の子は青が好きで、女の子はピンクが好き」、「女の子は人形を好み、男の子は車を好む」のは、先天的なものか、後天的なのかという問いに関する論議が、心理学や教育学の世界で長年にわたって繰り広げられていった。その時代背景として、性差を否定しようとするフェミニスト運動が盛んであったことが挙げられる。彼女たちは、男の子はもともと青が好きで、女の子はもともとピンクが好きなわけではない、それは社会がそうさせているのだ、と強く主張したのである。近年にまで至るこの論議のなかで、性差と行動に関するとりわけ脳科学等、他分野の研究成果を受けて、こうした考え方は次第に修正されていった。男女が生まれながらにもつ生物的な差異が行動や思考に影響するのは事実ではあるが、それが社会的に規定されたのちに強化され行動に結びつくこと、すなわち、先天的な脳の自然な反応と後天的な社会の規範への順応とが、互いに呼応し合っていることや、性と行動との関係は個体差が非常に大きく、かなり大きな多様性があることが明らかになってきた[3]。

キリスト教がこうした弱者、少数者、女性の抑圧のメカニズムを作り上

げたとして批判されるなか、キリスト教内部においても、弱者の被抑圧者の立場から教義を見直そうとする「解放の神学」が南米を起点として起こり、これに呼応するように「女性神学」が現れるようになる。(「解放の神学」がカトリック教会の牙城である南米のカトリック教会内部で起きたことは興味深い。これはカトリック教会が必ずしも常にローマの教会の教条に支配されておらず、多様性の集合体のなかに教会を成立させていることを表している。)虐げられた者、弱者・被抑圧者、女性の立場から聖書が読み直され、解釈し直されていった。

解放の神学は、ペトロやパウロら使徒、聖人たちの偉業を称えてきた教会の歴史を批判し、聖書に出てくるイエスの弟子が皆社会的弱者であったことに光を当てる。彼らは、権力者たちによって作られてきた教義が、イエス・キリストの教えてきた内容と大きく食い違うことに注目する。そして、虐げられてきた人々、身分の低い者に常に目を向けてきたイエスの姿勢に立ち返り、キリスト教の教えがいつのまにか社会的強者の支配装置と化したことを正そうとするのである。つまり、世俗の権力や特権をもった人々が、そうでないものを支配する特別な権能を神に与えられていると、明示的・暗示的に教会が教えてきたことを、鋭く批判したのである。この観点から、聖書の読み直し、神学の捉え直しが進められていく。

女性神学はイエスに出会った身分の低い女性たち、とりわけ娼婦であったマグダラのマリア、穢れた者と蔑まれた病の女ら(マルコ 5: 25)の姿に光を当てた。創世記における神が男を創り、そのあばら骨から女を創ったという語りに基づき(創世記 2: 22)、男性優位がキリスト教社会の伝統的価値観とされてきたのに対し、女性神学は、旧約時代のコンテクストを再検討し、旧来のテキスト解釈に修正を加えていく。

女性神学と解放の神学は、互いに呼応しながら、とりわけ北米・南米で社会的変革運動を起こしていく。虐げられてきた者の視点から、歴史を見直し、社会を変革していこうとする動きは、宗教的脈絡を離れても、20世紀思想の重要な潮流を作っていった。

---

3 この問題に関する研究史の外観は以下の論文が詳しい。Vasanti Jadva, Melissa Hines, and Susan Golombok, "Infants' Preferences for Toys, Colors, and Shapes: Sex Differences and Similarities," *Archives of Sexual Behavior* 39 (2010): 1261–1273.

# 第6章 ムジカ・フェミニーナ vs. ムジカ・ムスクリーナ、あるいは Musica muliebris vs. Musica virilis

こうした思想的・社会的背景のもと、文化史、社会史、芸術史その他のあらゆる分野で女性の視点から歴史を再解釈するフェミニズム論が展開され、その大きな流れのなかで、女性作曲家の作品に焦点を当てる研究が盛んになっていったのである。つまり、女性作曲家研究は（研究者さえも含む多くの人々がそう考えているように）、一部の"フェミニスト"音楽学者の突出した固執では決してなかったのである。

音楽におけるフェニミズムの第二の波を象徴する研究は、スーザン・マクレアリの『フェミニン・エンディング』[4] であった。この書物は、その魅力的なタイトルの力も相まって、大きなセンセーションを起こした。フェミニン・エンディング（女性終止）とは、音楽用語でカデンツ（和音の終止定型）の主和音が強拍に来ない終止を指す。女性的・男性的のメタファー（隠喩）が音楽のあらゆる諸相に潜在的に組み込まれていることを示唆するタイトルである。マクレアリは、それまでのフェミニズム研究者が女性作曲家の生涯や作品を研究することによって、女性と音楽を巡る社会的・歴史的諸問題の理解に寄与をしたことを認めつつも、より学際的な文化批評、社会批評としての視点が必要だと主張した。そして、旧来のフェミニズム研究の延長線上において「文化におけるジェンダー・イデオロギーが主たる規範にいかに影響を及ぼしてきたか」という問いを立て、そうしたイデオロギーが音楽のあらゆる分野に潜んでいることを読み取ろうとした。その証明のために彼女は、モンテヴェルディから、アルバン・ベルク、マドンナに至るまでのさまざまな題材を対象にして、音楽分析を通じて見えてくるそれぞれの時代の社会、文化のあり様をジェンダーの視点から解釈しようとしたのである[5]。

1991年にアメリカで出版されたスーザン・マクレアリの『フェミニン・エンディング』は、1997年になってはじめて日本で翻訳された。それは、いわゆる「フェミニスト音楽学」が認知された瞬間でもあった。だが、アメリカでジェンダー論が大きく取り上げられるようになった社会的背景と、この

---

[4] スーザン・マクレアリ『フェミニン・エンディング――音楽・ジェンダー・セクシュアリティー』、女性と音楽研究フォーラム訳、東京：啓文堂、1997年。(Originally published as: Susan McClary, *Feminine Endings: Music, Gender, and Sexuality*. Minneapolis: University of Minnesota Press, 1991.)

問題がそれほど先鋭化してこなかった（あるいは抑圧されたまま隠されてきた）日本の社会的背景との差を意識した研究者は少なかったように思える。研究者は女性作曲家の作品研究に集中したが、そもそも作品数も少なく、社会的にあるいは「芸術的に」（!）も影響の少ないマイナーな作曲家を研究して何になるのか、と訝しがる声も（とくに年長の男性研究者のなかから）多く聞かれた。日本の女性解放運動が、戦闘的姿勢を取った一部の過激な集団によって印象づけられたことも不幸であった。そして、その流れを汲んで、ジェンダー論やセクシュアリティー論が一部の先鋭化された特殊な人たちの問題と捉えられたのは、さらに不幸としか言いようがない。また、マクレアリがジェンダー論による新しい歴史批判・社会批判を展開したにもかかわらず、日本のジェンダー研究は、相変わらず女性作曲家研究という狭い枠に留まろうとする傾向が強かったということも否定できない。

## 3. ジェンダー研究第三の波

21世紀に入っても、音楽史記述における女性の不在と、そのことへの無

---

5　本章の執筆に当たっては、音楽学におけるジェンダー研究に造詣の深い中村美亜氏から、非常に多くの教示を頂いた。ジェンダー論・セクシュアリティー論における歴史的背景やとりわけ用語法についていくつかの重要な指摘を頂いたので、ここに感謝を捧げ、そのいくつかの重要な内容を、同氏の許可を得てここに記しておく。中村氏によれば、歴史研究では、1980年代にジョン・スコットが、歴史を通じて、生物学的な意味での男女に、どのような社会的意味づけが行われてきたかを暴くという方法を確立し、これが音楽史の研究にも大きな影響を与えた。1990年代以降のジェンダー論では、「生物学的性別（セックス）も、人間が認識しなくては区別されないのだから、ジェンダーだ」と述べたジュディス・バトラーの議論が大きな影響力をもった。中村氏は、バトラーは正鵠を射ていたとする一方で、2つの問題を指摘する。ひとつは、バトラーの「ジェンダー」が存在論的な差異を否定しているという誤解を生んだことである。一般に言われている「性差」のほとんどは、統計的な差、もしくは後天的なもので、個人差の方が大きい。ただし、生殖に関わる部分に差異があるのは事実なので、認識の問題にすべてを還元してしまうのは誤りである。ところが、誤解したバトラーの批判者や一部バトラー信奉者が、性差はすべて認識の問題だと言うようになってしまった。中村氏の指摘するもうひとつの問題は、バトラーの「ジェンダー」用法は、生物学的性別（セックス）と狭義のジェンダーの区別を不可視化してしまうリスクをもつということである。生物学的性別（セックス）と社会的な性（狭義のジェンダー）を分けて考えるのは、社会制度や人々の意識を変えていくのに有効な方法であった。ところが、バトラーの議論は、社会的に築かれた性へのバイアスをかえって見えにくくしてしまった。中村氏によれば、アメリカでジェンダー研究が盛んになった背景として、フーコーらの「知は力」という考え方が広がったことも影響しているという。冷戦が終結した1990年代のアメリカ人文学界（のリベラル派）では、ポスト構造主義の影響が強く、「認識」を変えることが「世界」を変えることだと信じる傾向にあった。観念論と厳格な実証主義の伝統の強いドイツや日本の音楽学と、実践的で社会的意味をより重視するアメリカの音楽学の分岐点が、こうした点にあったことを理解するうえでも、中村氏の指摘は示唆に富む。

第6章 ムジカ・フェミニーナ vs. ムジカ・ムスクリーナ、あるいは Musica muliebris vs. Musica virilis 117

知・無関心に対して、不快感や怒りをぶつけるジェンダー論研究者たちと、それに対して不愉快の念を隠さない、あるいは口を噤む男性研究者たちが暗黙に対峙する、という構図がしばらく続いた。旧来の音楽史は、遠くの時代に遠くの国で奏でられた音楽を、ただ客観的に描こうとしたわけであるが、その外見的「客観性」のなかに潜む抑圧の構造を、フェミニスト研究者たちは明らかにしようとした。そもそも、その動機は、研究者らの社会における位置づけの認識、および自己存在意識と深く関連している。

　ジェンダー研究は、英米では、音楽学のひとつの研究領域として認知されるに至った。『ニューグローヴ音楽事典』の2001年版の「音楽学 Musicology」の項目では、「ジェンダーとセクシュアリティ・スタディーズ」がひとつの分野としての地位を獲得している[6]。20世紀末期から21世紀にかけては、単に男女という二項対立的な図式だけでなく、同性愛（ゲイ・レズビアン）、トランスジェンダーの性も、考察に含まれるようになった。女性と男性とが対等であることを第一義的に追求したフェミニズムはやがて修正され、人間の性の多様性が強く意識される時代に入る。もっとも、近年においては、脳科学、神経学、発達心理学、社会学、行動心理学、心理学などの新たな知見が駆使され、性差が脳で作られるのか社会的に作られるのかといった二者択一的な問題設定を否定し、もう少し多様な性をめぐる諸相を明らかにしていく研究が増えている[7]。これに伴い、音楽におけるジェンダー論の潮流も変化してきている。大ざっぱにいって、旧来のフェミニズム批評の流れをくむ女性作曲家研究は引き続き行われ、女性作曲家に限った作品の研究が進む一方[8]、音楽における体、声に現れる女性性と男性性の表象を、音楽分析・音楽解釈のパラメータのひとつとして取り上げ、

---

6　Vincent Duckles et. al., "Musicology," in *The New Grove Dictionary of Music and Musicians*, 2th ed. (London: Macmillan, 2001).
7　例えば、イギリスの心理学者コーデリア・ファインは、旧来の男女差に関する諸々の研究の方法は本来の科学とはなっていないことを批判し、セクシストのバイアスから離れて、人間という生物の性の多様さを適切に反映した知見の確立を目指して研究を行った。民俗学、幼児研究、社会学などの視点から行われてきた旧来のフェミニズム研究に対して、彼女本来の心理学的知見から分析し・批判している。Cordelia Fine, *Delusions of Gender: How Our Minds, Society, and Neurosexism Create Difference* (New York: W. W. Norton and Company, 2010).
8　例えば Laurel Parson and Brenda Ravenscroft, eds., *Analytical Essays on Music by Women Composers: Concert Music 1960–2000* (New York: Oxford University Press, 2016). このシリーズの第2巻として、1100–1900年までの女性作曲家を扱った論文集も計画されている。

研究に取り入れることも多く行われるようになった。

　ジェンダーやセクシュアリティーは、人間のアイデンティティの最重要な一部であり、人間の思考や行動を規定する主要な要因のひとつである。しかし、西洋の伝統的文化はこれについて語ることをタブー視する傾向が強かった。男性中心、男性支配、（あるいはヘテロセクシュアル中心）社会のなかで、自明化され隠されてきたものを明らかにしようとしたことに関しては、フェミニズム論、ジェンダー論、セクシュアリティー論の展開には意味があった。すなわち、人種、ジェンダー、社会的階層といった人間のアイデンティティが、音楽にどのように表象されてきたか、また、それが自明化された権力構造を強化することにいかに寄与してきたか、ということを明らかにしてきたという点で意味がある。

## 4. バロック音楽とジェンダー

　もっとも、バロック時代の音楽をジェンダー論的な観点から考察した研究は、決して多くはない。過去30年のジェンダー論的音楽論は、19世紀以降の作曲家・作品に集中してきた。ジェンダー表象と作品の意味解釈や、ジェンダーをめぐる社会構造と音楽の関係、女性音楽家や作曲家の音楽にジェンダーがどのように反映されているのか（あるいはいないのか）、社会と性をめぐる諸問題が音楽にいかに表象されてきたか、などといった視点から問題設定を行った研究の可能性はあまたあるように思える。ただ、それぞれのトピックは、音楽文化、社会を形成してきた部分的な契機であって、それぞれのトピックを体系化して結びつけるようなものではない。そもそも、ジェンダー論・セクシュアリティー論は方法論というよりもむしろ、批判的実践を行うための視点・アプローチであるので、それによる理論体系を構築することは難しいように思える。しかし、過去30年間に女性研究者たちが明らかにしてきたように、人間の性という暗黙のうちに無視されたり、抑圧されたりしてきた側面をタブーの箱のなかに隠し通そうとする態度も正しくない。ジェンダーやセクシュアリティーは、人間のあらゆる社会・文化のあり方に影響を及ぼしており、それはバロック時代の音楽でも例外ではない。ジェンダー論やセクシュアリティー論の視点が、音

楽や音楽と人間との関係の理解に大きな意味をもつ事例を、ここではいくつか挙げてみることにしよう。

### 1）ヴァージナルを弾く女性たち

17〜18世紀の貴族社会において、撥弦の鍵盤楽器であるヴァージナルやチェンバロはおもに女性のたしなむ楽器として広く親しまれていた。また、その音楽は、貴族社会における理想の女性像と深く結びついていた。オランダの画家フェルメール（1632－75）は、ヴァージナルを弾く女性像をいくつか残している。ヴァージナルという楽器の名前の語源には、ラテン語の「赤」という言葉から来るとか、処女であったとされるエリザベス1世が好んだとか、さまざまな説があるが、この楽器が常に女性の楽器として描かれ、そして、そこにヴァージンという言葉から連想されるメタファーが存在していたことは間違いない。純真、清純、うら若きといった言葉で形容される内実、結婚前の女性

図1 「ヴァージナルに座る女」（ロンドン、ナショナル・ギャラリー蔵）。ヨハネス・フェルメールの油彩画。

の処女性を称え、そこに向けられた視線がその楽器を通じてシンボリックに表されている。こうした女性のアマチュア音楽家のために作曲された鍵盤曲集は、《パーシニアあるいは処女》[9]という鍵盤曲集が出版されて以来、

---

9 *Parthenia or the Maydenhead of the first musicke that ever was printed for the Virginalls* (ca. 1612).

18世紀にかけて少しずつ増えていく。この曲集は、17世紀初頭イギリスで出版された曲集で、ヴァージナルのための比較的平易な鍵盤曲ばかり集めている。「パーシニア」は古代ギリシアにおいて、処女を意味するアテネの別称である。

貴族社会で好まれた鍵盤楽器の舞曲形式の作品のなかには、楽器としてのヴァージナルと女性の絵画が象徴するような内容、すなわち純真さや清純さを描きながら、そこにありありと処女性を称えつつも、それを見つめる肉欲的な視線を、音と標題でシンボリックに生々しく表現した作品がいくつか存在している。**フランソワ・クープラン**（1688-1733）の《クラヴサン曲集 第3巻》の第13組曲は、「ゆりの花開く」で始まるが、ゆりの花は「処女マリア」の象徴として中世以来、聖母マリアの肖像画に多く添えられている。各楽章には、「葦」、「胸飾りのリボン」、「フランス人気質またはドミノ（仮面）」、「見通せない色のドミノの下の純潔」、「バラ色のドミノの下の恥じらい」、「錫色のドミノの下の情熱」、…「紫色のドミノの下の恋やつれ」といった標題がつけられ、艶やかで官能的メロディーの曲が続く。第4楽章の第9変奏には「緋色と枯葉色のドミノのなかの年老いた伊達男と時代遅れの守銭奴」という標題がついている。ここではじめて唯一「男」が登場するわけである。舞踏会には、中高年の域に入った伊達男〔galants〕らが異性の視線を意識して格好をつけながら闊歩し、場違いな格好で勘定の官吏〔trésorière〕たちもうろついている。（「守銭奴」はかなりの意訳であるが。）乙女が貴族社会の恋の戯れに翻弄される姿を、欲深い目で見つめる「男」たちの視線が、その「女」に向けられていることの隠喩であろう。その「女」は最後の2楽章で「狂乱」、「煉獄」へと進んでいくのであるが、その音楽は決して堕落の末の罰を戒める教訓めいた音楽には聴こえない。むしろ、生身の人間の姿を写実的に描いた音楽のようである。

## 2）**作曲する女性たち**

過去30年ほどの間に、女性作曲家の生涯に関する研究と、作品の発掘はかなり進んできている。『ニューグローヴ音楽事典』を含む世界最大の音楽事典データベースであるオックスフォード・ミュージック・オンラインには、1600〜1750年までの間におもに活躍した女性作曲家として26人の名前が

# 第6章 ムジカ・フェミニーナ vs. ムジカ・ムスクリーナ、あるいは Musica muliebris vs. Musica virilis

挙げられている[10]。一人一人を見ていくと、修道女、劇場歌手、貴族の娘といったあらゆる社会階層の出身者がいる。女性にも作曲する人がいたのは当然だろうが、せいぜい趣味程度のもので、比較的単純なアリアのような作品ばかりなのではないかと想像されるかもしれないが、事実はまったく異なっている。彼女たちが作曲したジャンルは、1〜2声のモノディー風アリアから、多声の宗教的モテット、オペラ[11]、器楽ソナタ、鍵盤ソロ曲に至るまであらゆるジャンルに亘っており、かなり高度な多声作曲の職人的技術を教育されないと書けないような作品も多い。

なかでも、バルバラ・ストロッツィ（1619-77）という作曲家は注目に値するだろう。旧来の音楽史教科書に顔を出すことのなかった作曲家であるが、ひとつひとつに作品番号をつけて出版されるほど「作曲家」として社会的に認知されており。その質も極めて高い。近年、彼女の作品の多くが録音されている。4人の子供のシングル・マザーとして生き、広範な音楽活動、作曲活動にいそしんだ。自由都市ヴェネツィアで活躍した彼女は、その出版作品を、同地以外でもマントヴァ、オーストリア、ドイツ各地の領主たちに献呈して庇護を受けていたと考えられ、各地で高く評価されていたことが分かっている。残されたすべての作品が、第二作法によるアリア、カンタータ、マドリガルである。25才で出版した《マドリガル 第1集》（1644）には、自由奔放な不協和音の跳躍や、エキゾチックな音階さばき、リズムといった、聴く者を驚かせるさまざまな要素がふんだんに盛り込まれている。ミューズ（ムーサ）の一人であるギリシア神話の女神の名を冠した《エウテルペの戯れ》と題された作品集（作品7、1659）は、そのタイトルからして「女性であること」あるいは「女の歌」を明らかに意識した作品である。当時としては熟年期に入った40才の彼女が、メランコリックな愛と哀愁の歌を歌う。譜例の曲「哀歌」の、女性の声を意識した広範な音域と歌唱技法を使った歌い回し、南欧やアラブ世界の音を想起させるような、初期の作品にも見られるエキゾチックな音階さばきは、モンテヴェルディやカッチーニといった当時の男性大作曲家とはかなり異なった

---

10 "Women Composers," *Oxford Music Online*, accessed March 22, 2016, http://www.oxfordmusiconline.com/public/page/womencomposerstime.
11 ジューリオ・カッチーニの娘、フランチェスカ・カッチーニ（1587-1641）はオペラを書いたと記録されている最初の女性作曲家のようである。

感性を呈示している。冒頭では、下行する導音にトリルを置くことによって、半音階的経過音というのではなく、むしろミーレ♯ードーシのような増音程を含む禁止された音程を含む旋律に聴こえる効果が生まれている。その直後には不協和音程である減五度の下行が2回強調され、極端な跳躍を含むノータ・カンビアータ（非和声音の一種）が際だった激情を演出する。

譜例1　バルバラ・ストロッツィ《エウテルペの戯れ》より第4番「哀歌」

「我が涙よ、なぜおまえは私を引き留めるのか。なぜおまえは、私の息を止め、心を押しつぶすまでの激しい痛みを打ち明けようとしないのか。」

## 3) 楽団を結成する女性たち

　バロック音楽史において女性の活躍が思い起こされるのは、ヴェネツィアのオスペダーレ（英語のホスピタルに当たるイタリア語）と呼ばれた孤児院、養護院、病院、学校を兼ねたユニークな施設における音楽活動である。その歴史は14世紀にまでさかのぼり、17世紀までに4つのオスペダーレ（インクラービリ院、デレリッティ院、ピエタ院、メンディカンティ院）が活動していた。そのうちのひとつピエタ院では、アントーニオ・ヴィヴァルディ（1678－1741）が指導したことで知られる。オスペダーレは孤児を養育することがその責務であったが、当時の女性修道院の習慣に倣った音楽活動が行われ[12]、やがて教育機関として発展し、収容された少女たちに歌唱や楽器のレッスンを施すようになっていた。そして、17世紀後半にはさらに、外部の女子たちも集めた、「コーリ cori」と呼ばれる大規模な音楽組織を形成するに至った。これらの施設は、おもに篤志家による寄附で始められたが、やがて市によって支えられるようになっていった。彼女らを指導したのが外部から雇われた男性音楽家であり、ヴィヴァルディをはじめ、アントーニオ・カルダーラ（1671?－1736）、ドメーニコ・チマローザ（1749－1801）、ヨハン・アードルフ・ハッセ（1699－1783）、ニッコロ・ヨンメッリ（1714－74）、アントーニオ・ロッティ（1666－1740）、ニコーラ・ポルポラ（1686－1768）といった当時かなりの名声を極めた多くの音楽家が、これらのポストを経由して、各地で活躍するようになる。1585～1855年までの間に300人の男性音楽家がここで指導に当たり、その後、楽長（マエストロ・ディ・カペッラ）の称号を得たものの数が70人以上に及ぶという[13]。オスペダーレの指導者に選ばれることはとても名誉あることだと考えられており、男性音楽家にとっては、ここでの雇用が宮廷などにおけるより高い地位を得るための登竜門となっていたようである。

　男性たちが、ここを踏み台に各地に音楽家としての職を得ていったのに対して、女性たちはヴェネツィアに留まらなければならなかった。当時の教会は、基本的に女性が礼拝に関わる職に就くことを禁じていた。また、

---

12　Jane J. Baldauf-Berdes, *Women Musicians of Venice: Musical Foundations, 1525–1855* (Oxford: Clarendon Press, 1993), 3.
13　Judith Tick, et al., "Women in Music," *GMO*, accessed March 24, 2016.

当時宮廷では宗教音楽よりも世俗的な祝祭音楽、シンフォニーやオペラが盛んになっていたが、とはいえ、宮廷音楽家は本来的には宮廷礼拝堂のための教会音楽を提供することが基本任務だと考えられていたから、女性が職を得ること、ましてや楽長になるなどということはありえなかったのである。

　ベルリンのフルート奏者クヴァンツ（1697－1773）は、1726年にヴェネツィアを訪れて、次のように述べている。「最も優れた教会音楽はオスペダーレで聴くことができる。…そこでは女子ばかりが演奏をしている。そのなかで一番優れているのはピエタ院である。そこにはアポッロニアという名の優れた歌手と、もう一人とてもヴァイオリンの上手い女性がいた。また、そこにはオスペダーレで育ったアンジェレッタという、今は銀行家と結婚している女性もいた。彼女は歌にも鍵盤演奏にも長けている。ザクセン選帝侯兼ポーランド国王の楽長ハイニヒェン氏が彼女を私に紹介してくれた。」[14] これは、クヴァンツの自叙伝の一節であるが、彼が気に入らないものはそのなかでかなりはっきりと批判していることから、彼女たちの演奏レベルが非常に高水準だったことが窺える。

　ここに出てくる無名のヴァイオリニストは、アンナ・マリーア・デッラ・ピエタ（1695/96－1782）だと考えられている。彼女は、姓を持たずデッラ・ピエタ（ピエタ院の）と呼ばれていることから、彼女も保護された孤児であったのであろう。彼女のものとされているコンチェルトの主パート譜ばかりを集めた手稿譜が残っており、そのうち24曲がヴィヴァルディの作品であった。アンナ・マリーアをはじめ女性たちは自ら後進を育て、この集団をその時代きっての優秀な音楽集団に育てていったのである[15]。

　ヴェネツィアは都市国家として、ローマとは距離を置く特殊な政治形態で国家運営がなされており、社会的な自由度はかなり高かった。政治的にはあらゆる意味でローマとの違いを意識しており、女性の地位も他のイタリア諸都市に比べて高かった。例えば、結婚後も妻の持参金の財産権が

---

14　Johann Joachim Quantz, "Herrn Johann Joachim Quantzens Lebenslauf von ihm selbst entworfen," in *Historisch-Kritische Beyträge zur Aufnahme der Musik*, ed. Friedrich Marpurg, vol. 1, st. 3 (Berlin, 1755), 232–233.
15　Michael Talbot, "Anna Maria," *GMO*, accessed March 29, 2016.

妻に認められていたし[16]、オスペダーレの女性たちは自ら収入を得ることも財産を築くことも許されていたという[17]。こうした恵まれた状況が、ヴェネツィアのなかだけという狭い世界であっても女性たちの才能を開花させたのであろう。しかし、これだけの高度な音楽教育機関を築き、何世代にも亘って高いレベルの音楽活動をしていたにもかかわらず、彼女たちが外の世界で、音楽家としての職を得、独立することは、女性であるがゆえに許されなかった。そして、その時代も1796年、ショーヴィニズム、すなわち男尊女卑と愛国主義のあい混ざった思想の支配するナポレオン軍の進軍によって終わりを迎える。

### 4）カストラート歌手を巡って

　カストラート歌手というのは去勢された男性歌手で、少年期に声変わりする前に高音の音域を残すために、睾丸を切除する手術を施された者をいう。この手術によってホルモン・バランスが変化した肉体は、顔は丸く柔らかくなるのに対して、骨格や筋肉は男性体格あるいはそれ以上に成長する。そのため、少年の声とも、女性の声とも、今日のカウンター・テノールの声とも異なる声を有し、絢爛な高音と強さ、卓越したブレスコントロール、息の長さを保つことができた、と言われている[18]。カストラートは中世初期のコンスタンチノープルや12世紀のスペインにも見られたが、16世紀末から17世紀にかけて、おもにイタリアで多数のカストラート歌手が生み出された。去勢手術は禁止されていたが、教皇シクストゥス5世が1589年にスペインのカストラートを雇い始めてから、カストラートの「生産」が「公然の秘密」として行われるようになっていった。ヴァチカンのシスティーナ礼拝堂に雇われた最初のイタリア人カストラート歌手、ジローラモ・ロジーニ（1581－1644）は不幸にしてたまたま病気で手術を受けることになったためカストラート歌手として雇い入れられたが、その後18世紀

---

16　Monica Chojnacka, *Working Women of Early Modern Venice*（Baltimore: The John Hopkins University Press, 2001), 26‐49.
17　Jane J. Baldauf-Berdes, *op. cit.*（footnote 12), 83‐4 et passim.
18　カストラートの声を、電子的技術を使って再現する試みは、映画『カストラート』（原題：Farinelli Il Castrato, Columbia, 2000）のなかで行われている。またイギリス BBC はカストラートのドキュメンタリー番組を2006年に制作しており、これは動画配信サイト YouTube でも見ることができる。（Francesca Kemp, director, "Castrato," BBC, 2006.）

までに約4000人のイタリア人少年たちがカストラートとなったという[19]。その背景にはもちろん、礼拝堂での音楽の奉仕に女性を使ってはならないという掟があった。複雑で大規模な多声音楽がますます盛んになったため、高音部が歌える歌手が多数必要となった。その需要に対して、女性を使うという解決策ではなく、カストラート歌手を使うことで応えようとしたのである。

　カストラート歌手たちは、人間の尊厳に関わる根本的な能力を奪われたわけであるが、それと引き替えに、枢機卿や、王族、貴族の寵愛を受けたり、オペラの舞台で活躍し栄光に与かることができた。教皇がカストラートを雇うようになって以来、枢機卿たちはこぞって自らカストラートを囲うようになった。人々が魅了されたのは、カストラートの類い稀な声と音楽だけではなく、カストラートが性的魅力の対象として見なされることも少なくなかった[20]。

　その後、カストラート歌手たちはオペラの舞台でも華やかに活動をする。オペラの創生期から、カストラートは活躍した。当時のスコアから、どの役が女性歌手で、どの役にカストラートが当てがわれたかは、判然としないケースも多いが、妖精、神話の神（ミューズ、キューピッド、ネロやカエサルなどのローマ皇帝、貴族）といったあらゆる役がカストラートに割り当てられた。その理由は、カストラートの剛健な体格、柔らかい表情、伸びやかな高音、力強く張りのある声には、性差を超えたあらゆる表現の可能性が秘められていたためと考えられている。

　ヘンデルのオペラ《エジプトのジューリオ・チェーザレ》は、皇帝カエサル（チェーザレ）とエジプトの女王クレオパトラを巡る、戦争、陰謀、愛憎の物語である。人間関係が非常に複雑なオペラで登場人物も多く、ヘンデルのオペラのなかでも大がかりなものであった。そこに出てくる登場人物は次の通りである。

---

19　Helen Berry, *The Castrato and His Wife* (Oxford: Oxford University Press, 2011), 19.
20　*Ibid.*, 16.

## 第6章 ムジカ・フェミニーナ vs. ムジカ・ムスクリーナ、あるいは Musica muliebris vs. Musica virilis

| 役 | 声種 |
| --- | --- |
| （ローマ人） | |
| ジューリオ・チェーザレ（カエサル・男） | アルト・カストラート（男） |
| クーリオ　　（執政官・男） | バス（男） |
| コルネーリア（ポンペイウスの未亡人・女） | コントラルト（女） |
| セスト（ポンペイウスの息子・男） | ソプラノ（女）<br>→ 1725年版ではテノール（男） |
| | |
| （エジプト人） | |
| クレオパトラ（エジプトの女王・女） | ソプラノ（女） |
| トロメーオ（クレオパトラの兄、エジプト王） | アルト・カストラート（男） |
| アキッラ（将軍・男） | バス（男） |
| ニレーノ（トロメーオとクレオパトラの侍従・男） | アルト・カストラート（男） |
| （1725年版では侍女ニレーナ） | ソプラノ（女） |

表1　ヘンデル《エジプトのジューリオ・チェーザレ》の登場人物と声種 [21]

　初演版では、皇帝カエサル、エジプト王、その侍従の三つの役にカストラートが使われている。登場人物のジェンダーと実際に使われた歌手のジェンダーの関係は、複雑に入り組んでいる。このオペラを見る限り、カストラートが男性でもなく女性でもない中性的なイメージで配置されているわけではない。カエサル、エジプト王という最も男性的な役割にカストラートが当てがわれている。冒頭のジューリオ・チェーザレのアリアも、エジプト王トロメーオのアリアも、高音でありながら長い装飾フレーズと広い音域を駆使しており、明らかに声の超絶技巧を顕示するために書かれたアリアである。セストは、息子でありながら女性のソプラノ歌手によって歌われた。初演時は侍従ニレーノ役にもカストラートが当てられたが、1725年版ではこれが「侍女ニレーナ」に置き換えられ、ソプラノ歌手がそれを担当した。
　現代のオペラ上演においてこれらのカストラート役をどう扱うか、オペラ監督は選択を迫られる。カウンター・テノールを使うのか、女性歌手を使うのか、あるいは1オクターヴ下げて男性歌手が担当するのかといった

---

[21] Anthony Hicks, "Giulio Cesare in Egitto (ii)," in *The New Grove Dictionary of Opera. GMO*, accessed March 30, 2016.

選択肢のいずれかを取ることになる。どの方法を採るにしても、カストラート歌手がこれだけ重要な役割を占めていたこのオペラが、現代のプロダクションではまったく違ったものになっていることを、我々は知らなければならない。

音楽的に見れば、このオペラは高音域の歌唱に非常に強く執着しているように思える。キャストの性別によって役作りをするのではなく、広い音域における音のジェスチャー、すなわち歌い回しによって、それを行っているように思える。また、高音＝女、低音＝男といった固定観念にとらわれるのではなく、同音域で女性のコントラルト、男性のテノール、カストラートという種々の強弱、硬軟の音色をもった声種の歌唱が繰り広げられることによって、音楽と劇との展開が図られている。

当時の演奏の現場は、理想の音が最優先されてそれに当てはまる歌手を連れてくるというよりも、動員できる歌手を想定しながら、それに合わせて音楽を書いたり、あるいはすでにある音楽を書き直したりするということが、日常的に行われていた。1725年の声種が変更された事情がいかなるものであったにせよ、結果的にこの変更が男・女の役の区分を、キャストの性別と一致させる近代のオペラ上演の方向に向いていったことは間違いない。しかし、カエサルとエジプト王という2人の男性権力者はカストラートのままであり、高音の力強い歌唱はあくまで男性性の表象であったと考えられる。それに対して、クレオパトラは、武力や腕力でなく女の武器で男を虜にする。そのためには女の声がどうしても必要であった。しかし、このオペラの音楽作りに非常に重要な役割を担っているのは、音域や声の高さよりもむしろ、声の性質の対照性である。

ライアン・コーンズは、当時のカストラートが女性と男性を兼ね備えた一種の理想化された人格として扱われたことを指摘している。生物学的性による行動や性格の分離は、当時は非常に流動的であり、むしろ両性をひとつの体に備えることが形而上学的な意味での完全性を具現することであった、と言うのである[22]。カストラートは男性と女性双方の欲望の対象と

---

22 Ryan Koons, "Through the Lens of a Baroque Opera: Gender/Sexuality Then and Now," *Ethnomusicology Review*, GSA Publications at UCLA, 2013, accessed March 30, 2016, http://ethnomusicologyreview.ucla.edu.

## 第6章 ムジカ・フェミニーナ vs. ムジカ・ムスクリーナ、あるいは Musica muliebris vs. Musica virilis

なりえたし、オペラにおいて人々はカストラートに対してそうした欲望の視線と同時に、形而上学的に理想化された人間としての完全性のようなものを見ていたのである。

近年、カストラート歌手に関する研究がめざましく進展している。カストラートの物語は、社会的背景、その人々の個人史、生き様、その音楽の響き、どの面を見ても一種の歴史ミステリー的要素をたぶんに含んでいる。なかでも、ドイツの医師ハインツ・バウムが書いた本は、興味深い。彼はピーク時に4000人ものカストラートが生まれたというのは、誇張ではないかと疑っている。というのも、当時の医学的技術からすれば、去勢手術の死亡率は手術法によって50〜80％と非常に高く[23]、そこまでの悲劇が繰り返されたならば、何らかのかたちで歴史の記録に残るはずだが、そうしたものがないというのである。バウムは、実際には多くの部分、男性歌手が高音を歌えるように訓練してカストラートとして登場していたのではないか、と推測している[24]。もっとも、この種の研究は、中国の宦官をはじめ世界各地にあった去勢手術の実態とも比較考察してみる余地があるだろう。

いずれにしても、人々がカストラートに熱狂するのは、カストラートというのが歌手のひとつのブランドのようにみなされていたためで、その結果、多くの歌手が自分をカストラート歌手として売り出したのではないか、と推測している。近年の男性カウンター・テノール歌手たちは、たしかにヘンデルのオペラのなかにおけるカストラートのための役を立派にこなしている。このことから考えると、この説はとても興味深く、現代のオペラ・プロダクションにおいて、カストラートという現在使えない素材をどうするか、についての可能性を考えるに当たって、別の方向からの示唆を与えてくれる。

ヨーロッパの宗教的なコンテクストにおいては、カストラートは常に非難の対象となっている。一夫一婦制の社会原則によらない、奔放な性生活と耳の欲、目の欲による罪の現れとして、カストラートとともにオペラ文化までが非難される状況は、非常に頻繁に見られた。ナポレオン・ボナパ

---

23 Heinz Baum, *Die Sängerkastraten der Barockzeit: Wahrheit oder Mythos? Auf den Spuren eines Rätzels der Medizin- und Musikgeschichte* (Stuttgart: ibidem-Verlag, 2012), 65–71.
24 *Ibid.*, 114–115.

ルト (1769-1821) は、ヨーロッパ近代の幕を開いた人物であるが、カストラートの実践を非人道的で、くだらない、かつ非倫理的習慣として、彼の支配地域で禁止していった[25]。ナポレオンの具現した近代的社会とは、男と女の生物学的性別 (セックス) に社会的役割 (ジェンダー) を結びつけ、愛国主義・国家主義・民族主義の旗印のもとに男性優位社会を築き上げるというものであった。こうして形成された、強い夫は外で国のため家庭のために働き、賢い妻は家庭で母として子を育て夫を支えるということを理想とする家庭像は、産業革命の進行によってさらに強化されていった。それは、20世紀に起きた女性解放運動や21世紀のゲイ・リベレーション運動のなかでチャレンジを受けはするが、現在も「メインストリーム」の理想像として根強く残っているのである。

しかし、そのナポレオンも、1804年の戴冠直前にジローラモ・クレシェンティーニという当世きっての有名なカストラートの演奏を聴いて、実は非常に魅了されたという。そして、戴冠後のナポレオンは、こともあろうにこのカストラートを自らの宮廷に雇い、歌唱教師・歌手として6年間仕えさせる[26]。クレシェンティーニは、これによってフランスで最も名高いカストラートとなる。カストラートを宮廷に囲うことは数百年に亘り、権力者がその権能を誇示するためのひとつの象徴となっていた。ナポレオンが近代的共和主義をうたって革命を遂行し、旧習を廃して人道的観点からのカストラートの禁止も実施しておきながら、最後に皇帝となり、旧来のアリストクラシーの権力誇示の象徴のひとつであったカストラートを置いたという行為は、ナポレオンの堕落と言うべきか、あるいはカストラートの魅力がそれほどまでに絶大なものであったと見るべきか分からないが、いずれにしても皮肉な歴史のエピソードである。

カストラートは、現在の人道的倫理観からも許されるものではない。ましてや、伝統的男女観 (といってもそれは近代市民革命以降、あるいは産業革命以降形成されたものであるが) に支配された感覚からすれば、これに嫌悪を覚えるのは当然かもしれない。こうして、19世紀以降のオペラは、

---

25 Martha Feldman, *The Castrato: Reflection on Natures and Kinds* (Oakland: University of California Press, 2015), 212.
26 *Ibid.*, 212-213。

バロック・オペラがもっていた性の多様な表出というものを次第に廃していく。

　しかし、現代人がそうした男女観に完全に支配されているかと言えば、必ずしもそうとは言い切れないだろう。ジェンダーやセクシュアリティーのあり方の多様さに対して、現代人もそれを受け入れ、魅了されている面さえある。それはさまざまな例に見ることができる。マイケル・ジャクソンはそのジェンダー・ニュートラルなイメージで登場し、そのパフォーマンスで世界を席巻した。少年に対する性的虐待、薬物乱用、離婚とさまざまなゴシップやスキャンダルが彼の人生を取り巻いたが、それでもその音楽とダンスは強烈な印象となって人々の記憶に残っており、熱狂的なファンも多い。また日本での例としては、男性だけで女性・男性のすべての役を演じきる歌舞伎に対しても、女性だけで男性・女性すべての役を演じきる宝塚歌劇に対しても、現代人が大きな魅力を感じるのは、あるいは当時のヨーロッパの人々がカストラート歌手に対して魅力を感じていたことと共通するものがあるのかもしれない。

　ごく近年においては、ジェンダーやセクシュアリティーについて語ることがそれほどタブーではなくなった。公民権運動にさかのぼる解放運動とその影響に端を発し、個人の尊厳が守られなければならないという社会の理念が、扉を開いた。しかし、その解放が本当に進んでいるかどうかは疑問だし、その解放が本当に進んだ後にどのような社会ができ、それがどのような文化を生んでいくかということに対する不安を抱く者は多いなか、日本社会における女性の地位は著しく低い（少なくとも経済的、社会的、政治的観点においては）。世界経済フォーラムによるジェンダー・ギャップ・ランキングでは、日本の女性の社会進出指標は145カ国中101位であり、その経済力に照らし合わせても著しく低い[27]。日本の政権の女性活用キャンペーンも、女性を単に「労働力」としてしかみなしていない思想が見え隠れする。

　20世紀における音楽のジェンダー論、セクシュアリティー論は、音楽の

---

27　World Economic Forum, "The Global Gender Gap Report 2015," accessed March 30, 2016, http://reports.weforum.org/global-gender-gap-report-2015/.

なかに見られる男性性の暴力、中世以来の家父長社会の伝統を糾弾し、文化的・社会的圧力や抑圧によって女性の才能の開花が妨げられたことを示そうとした。また、ジェンダー的なメタファーが、文化の諸相に強く反映したことを示そうとする、その視点はとても刺激的で、魅力的であった。これらの研究が、もたらした新たな視点は十分に評価されなければならない。

近年、同性愛者で知られるベンジャミン・ブリテン（1913 – 76）というイギリス20世紀の大作曲家について、セクシュアリティー論の観点から、その私生活に立ち入り、彼の性的指向が作曲に与えた影響について分析しようとする研究が盛んに行われるようになった。しかし、同性愛であることはこの大作曲家の人格を形成したごく一部であって、それが彼の作品のすべてを決定的に方向づけたわけではない。バロック時代においても同様のことが言える。フランス国王ルイ14世の作曲家ジャン＝バティスト・リュリは、その生涯で何度も若い男性と関係をもっていたことが知られ、最終的には、それが大きなスキャンダルを生んで、彼は王の作曲家の地位を失うことになる。しかし、彼のセクシュアリティーが音楽に及ぼした影響がどの程度のものであったのか、あるいは彼の音楽の価値評価にどのようにつながるのか、に関して何らかの確信を導く証明を得ることは難しいだろう。

ジェンダー、セクシュアリティーが、人間のもっている本質部分のひとつであることは間違いない。しかし、この視点だけで音楽の諸相を解明できるわけでもない。アメリカでは、いわゆるポリティカル・コレクトネス、すなわち「政治的正しさ」の観点からジェンダー論がひとつの学問ディシプリンを形成したが、むしろそうした特別扱いを解消するときこそが、我々が歴史的・社会的に形成された固定観念から解放されるときなのかもしれない。

# 第7章
# 思考する音楽

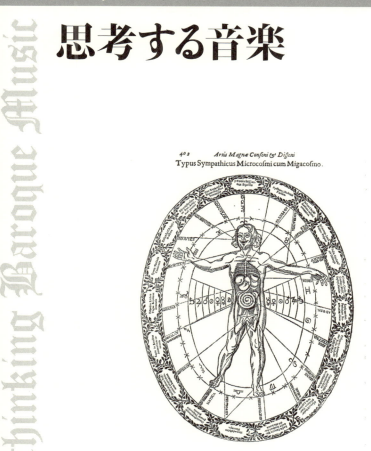

ミクロコスモスとしての人体、マクロコスモスとしての宇宙の調和の図。アタナーシウス・キルヒャーによる。人体と宇宙が幾何学的図形で関係づけられている。(Kircher, *Musurgia universalis*, 1650, II, 402.)

# 1. バロック時代の音楽知と現代の音楽学

　第5章では、西洋の伝統においてバロック時代の音楽思想が、中世の音楽思想を非常に強く反映していたことについて述べた。音楽は単に享楽のために存在したのではなく、それは常に思索の対象とされた。そしてその思索は、音楽が、算術、幾何学、天文学と並んで、数に関わる学問分野であるという前提の上に成り立っていた。

　作曲という作業に、数学的センスを必要とすることは、現代でも変わりない。音階やリズム、和声といった音楽要素はすべて数学的な原理で成り立っている。音階は、弦の数比的な分割によって作られる。また、リズムは時間の持続であって、それを複層的にオーガナイズすることによって多声の音楽が成立する。和声の最も重要な原理は、協和する音と不協和な音との関係性であるが、これは第4章でも述べたように音と音との数理的な関係性によって決定づけられている。こうした音の特性に気がついたのは、ピュタゴラス派をはじめとする古代ギリシアの学者たちであった。ギリシアの数理理論と音楽理論の関連性は中世にも伝えられ、ボエティウスやグラレアヌスといった中世音楽理論家たちによってバロック時代にも伝えられた。そして少なくとも、17世紀までにおいては、これらの知識体系を身につけていることが、真の音楽の識者である証とみなされた。

　もう一方で、バロック時代の音楽において、その知識体系の重要な要素を構成していたのが、神学的考察である。キリスト教が西洋世界の秩序と人々の精神を支配するなかで、聖書と、伝承された聖人たちの物語は絶対的な意味があった。それを否定したり批判したりすることは決して許されず、聖典としての絶対性は揺るぎがないものであった。

　このように、古代ギリシアから受け継いだ知識と、古代ユダヤ世界に源流をもつキリスト教の教義の体系が、西洋文明の2つの柱となっていたわけであるが、これらはもともと相容れない体系であり、お互いに矛盾する要素（根源的に言えば、多神教の世界の知識と絶対神を崇める一神教の世界の矛盾）を抱えていた。しかし、その矛盾を矛盾としたまま、その2つの知の源が渾然となって、各時代時代の知識人たちに継承されてきたので

ある。どの時代においても、そのなかで、音楽に関する知識は重要な位置を占め続けた。

　こうした古代から中世にかけての音楽に関する知の体系は、現代の「音楽学」とはかなりかけ離れたものである。中世から少なくとも17世紀までの知の体系は、聖書の教えを絶対的真理として尊び、過去の識者の言説を文字通り受け止めて、それをそのまま引き継ぎつつ、それに新たな思索を加えていくことによって築き上げられた。こうした知の体系は、現代の「音楽学」と前提を異にしている。現代の学問は、批判的な検証を前提とし、場合によっては過去の知識を疑ったり否定することから出発する。音楽学には、音楽史学、民族音楽学（あるいは音楽人類学）、音楽音響学、音楽心理学、音楽社会学、音楽理論などの分野があるが、いずれも音楽を巡る現象を客観的・科学的・実証的に取り扱おうとする。音楽史学について言えば、音楽資料や楽譜を比較分析し、複数の資料があればその異同を細かく解析し、関係資料との関連性について解き明かしていく。過ちや矛盾があればそれを過ちとして指摘し、正しいテキストは何か、真実は何か、事実は何かと突き止めようとする。音楽理論について言えば、作品を構成する根本的な原理や法則を突き止め、法則からの逸脱や誤謬を指摘する。近代学問における科学性、客観性、実証性といった大前提は17世紀の半ばから次第に形成されてきた考え方であって、バロック時代（少なくとも初期バロック）の音楽理論家たちは、そうした前提で書物を著してはいなかった。彼らの重要な責務は、神に仕えることの一環として聖書を学び、それに霊感を受けた偉大な賢人の書物を尊び、その知の大系の列に連なろうとすることであったのである。それに対して、現代の学問は、確認できる事実や現象のみを考察の対象とし、過去の知の体系を批判し、場合によっては否定して書き換えていく。こうした姿勢は、バロック時代の理論家の姿勢とはかなり異なっている。

## 2. フィグーレンレーレ、アフェクテンレーレ

　17世紀においても、中世の自由七科の学問体系と考え方は依然として強い影響力をもっていた。音楽は天文学、幾何学、算術とともに、数に関す

る領域に分類されていたが、言葉に関する領域（文法、修辞、論理）と結びつける論考もバロックの初期頃から目立つようになる。その傾向は、おそらくイタリアにおいて、言葉と音楽の関係を重視する新しい考え方が浸透するに従って次第に強くなってきたと思われる。

　16世紀から17世紀に盛んになった音楽理論に、フィグーレンレーレとアフェクテンレーレの理論体系に関する考察がある。フィグーレンレーレ（あるいはフィグール論）というのは、音楽のさまざまなフィグール（音型、音楽を文法的に構成させる要素）についての学問（レーレ）であり、文法や修辞学の知識を音楽に適用しようとした一連の音楽理論である。アフェクテンレーレというのは、それぞれのフィグールが人間の情緒・感情に作用すると考え、フィグールと情緒との関連を論じた学問である。フィグールは修辞学においては、言葉の定型、語法一般を表したが、それが音楽にも適用され、一定の和音やメロディーの使い方のことをフィグールと呼んだ。シンコパツィオ［Syncopatio］、イミタツィオ［Imitatio］、エクスクラマツィオ［Exclamatio］といったさまざまな名称の語法が音楽にも当てはめられ、その表現について論じられた。（そしてその用語の一部は、現代の音楽理論にも残っている。）

　当時の多声作品には、音楽表現によって言葉の意味を強めるような語法が多く使われた。例えば、「楽しい」という言葉に、ダンスのように跳ねる音型が使われたり、「叫ぶ」という表現に上行の跳躍音型が使われたり、「苦しみ」という表現に不協和音やそれを誘発する半音階が使われたりといった具合にである。こうした表現は、音を絵で描くような手法なので「音画」技法とか、あるいは、イタリアの世俗多声曲のマドリガーレでよく見られた手法であるため、「マドリガリズム」とも呼ばれた。こうした音画的表現は、音楽が表現する意味内容を効果的に語る技法という意味で、音楽における修辞法（レトリック）のひとつであると考えられた。そのため、近代の音楽学においては、そうした音画表現と音楽技法の関係に関する理論体系が、当時のフィグーレンレーレやアフェクテンレーレの中に見いだされると考えられ、研究が進められた。

　17世紀初期におけるこの分野の重要な学者に、ヨアヒム・ブルマイスター（1564 – 1629）、ヨハネス・ヌツィウス（1556頃 – 1620）といった理論家が

いた。彼らの重要な関心事は、作曲を学ぶ者たちに作曲法や音楽技法を体系的に示すことというよりも、むしろギリシア時代から伝承されてきた修辞学や統語論あるいは文法が、音楽にも密接に関係していることを示すことであった。つまり、彼らの目的は、伝承された知の体系上に音楽が位置づけられていることを示すことであって、音楽作品の意味を理解するために修辞学の理論を使ってそれを解説することでも、作曲家たちに音楽表現の指針を示すためのマニュアルを提示することでもなかったのである。当時の抽象的・思弁的音楽修辞学の書物が、現代の我々にとって難解で不可解と感じられるのは、彼らが関心をもっていたことと、我々が探求しようとするものが食い違っているからと言えるだろう。

音楽におけるフィグール論の用語体系は、一貫した理論体系が構築されることなく、著者によってかなり異なっている[1]。それは修辞学で使われたフィグール論と、それらを音楽表現に適用するための理論との間にはおのずから深い溝があったからである。フィグールを体系化しようとする努力は17世紀後半から18世紀初頭にかけて、完全に途絶えたとまでは言えないものの、いったん下火となる。しかしそれらは、18世紀半ばになってから、マッテゾン、シャイベといった新しい時代の理論家の記述に、再び姿を現すようになる。それは、彼らが新時代の美学に基づき言葉の語りと音楽の語りについての関係性・一体性を今一度説こうとしたときに、修辞的なフィグール論の理念が彼らの美学に説得力を与えるものであったからであろう。

## 3. ミヒャエル・プレトーリウス

ミヒャエル・プレトーリウス（1571?－1621）は、17世紀ドイツ音楽理論史上で最も大きな業績を残し、また作曲家としても多くの優れた作品を生み出した人物である。彼の音楽理論の集大成は、全3巻からなる『音楽大全 Syntagma musicum』である。そのうち、第2巻は楽器事典、第3巻

---

[1] 17〜18世紀に使われたフィグール論の用語と意味の関係を整理して明らかにしたものとして、バルテルの優れた研究がある。Dietrich Bartel, *Musica Poetica: Musical-Rhetorical Figures in German Baroque Music*（Lincoln: University of Nebraska Press, 1997）.

は音楽や作曲に関する実践的知識を記したものである。第 2 巻の楽器事典は、当時のあらゆる楽器を網羅して解説した書物である。楽器を発音機構によって分類し、その構造や音域、歴史、類型などを詳細に解説している。それとともに、精細な印刷技術を使い、あらゆる楽器の図録を提示している（第 4 章扉および 49 頁参照）。当時大型化が進んでいたオルガンについては、とりわけ詳しい記述がなされ、いくつかの都市のオルガンの仕様表が記載されている。第 3 巻は当時の音楽の様相、とくにイタリアに始まった新しい様式の音楽やその演奏法を伝える意図が窺える。この巻は音楽用語の解題に始まり、記譜法、旋法、演奏習慣、楽器法、通奏低音、作曲様式について詳しく述べられている。このように、第 2 巻は当時の楽器についての最も詳しい資料であり、第 3 巻は当時のドイツに伝わってきた新しいイタリアの音楽について知るための極めて貴重なドキュメントであり、その大半の部分がドイツ語で書かれていることもあって、多くの研究者たちが注目し、英訳や邦訳も出版されている。

　それに対して、大半がラテン語で書かれたその第 1 巻は抽象的な思弁論であり、あまり注目されてこなかった。しかし、プレトーリウスにとって、この第 1 巻は音楽の知の基盤を提供し、書物全体を「大全 Syntagma」と呼ぶにふさわしいものにするために不可欠なものであった。なぜなら、彼は古代からの宗教音楽・世俗音楽に関する知識を引き継いでこれらの書物を書いているが、そこで彼が試みたことは、当時、中・北部ドイツで新しい音楽文化を形成しようとしていたルター派教会内において、ルターの音楽思想を継承し、それをバックボーンとするプロテスタント教会の音楽神学を体系化することだったからである。

　プレトーリウスは音楽家として活躍する以前に、神学を学んでいた。彼の同名の父ミヒャエルはヴィッテンベルク大学のマルティン・ルターから神学を学んでいた。父ミヒャエルがトルガウのラテン語学校の教師を務めていたとき、ヨハン・ヴァルター（1496 – 1570）が同僚でもあった。また、兄アンドレアスは、フランクフルト（オーデル）大学の神学教授であり、彼自身もそこで神学を学んでいた。順調に行けば、父や兄と同様に神学を修め、ラテン語学校教師や大学の神学教授を目指していたことであろうが、一家の大黒柱であった兄の死により彼は勉学の道を絶ち、ヴォルフェ

ンビュッテルで宮廷楽長の役職を得て音楽家としての道を歩み始める。

　ドイツの神学者ヨッヘン・アーノルトは、プレトーリウスが、「説教 Contio」と「歌 Cantio」という言葉を並置することで、ルターが述べた音楽と神学の密接な連関あるいは同等性についての思想を発展させたと指摘した[2]。プレトーリウスの『音楽大全』第1巻では、聖書や種々の神学書、教父やその他の識者らの書物における音楽や歌唱に関する記述が体系的に示され、音楽や歌唱が、聖書の言葉と同様に、礼拝や典礼・儀礼のなかで不可欠なものであり続けたことを証明しようとしている。説教によって与えられた光が、歌と音楽によって人の心を照らし、正しく導く。言葉を聞くことそのものは受動的なものであるが、それが歌と音楽によって人間自身の意思による能動的なものとなるのである。

> したがって、説教［Contio］と歌［Cantio］はともに、同じ信仰告白の一致と調和において、キリストへの信仰の教え、キリストの血により実現された贖(あがな)いについての唯一の教えを告げ知らせ、それを喜び祝うのだから、この2つの典礼形式が堅固な2つの支柱となると述べるのは適切なことである[3]。

　ルターによる音楽と神学の一体性についての考え方、すなわち神の言葉を明かす「説教」と、その言葉により心動かされた人が神に捧げる「祈りや歌」が礼拝を支えるとした考え方を、プレトーリウスはより体系的な知識でもって肉づけしようとしていったのである。

　そのなかでプレトーリウスは、ローマ・カトリック教会のなかで伝統的に用いられてきたミサの諸要素、すなわち、キリエ、グロリア、集祷、グラドゥアレ、アレルヤ、クレドなどの意味や由来、それらの礼拝における用い方について詳細に解説している。それに加えて、詩編、レスポンソリウム、賛歌、マニフィカトなどの歌に関してもすべて同様の解説を加えて

---

2　Jochen Arnold, "'Cantio' & 'Contio': Zur Theologie der Kirchenmusik in *Michael Praetorius' Syntagma Musicum*," in *Singen, Beten, Musizieren: Theologische Grundlagen der Kirchenmusik in Nord- und Mitteldeutschland zwischen Reformation und Pietismus（1530-1750）*, ed. Hans Otte（Göttingen: V & R unipress, 2014）, 35–52.

3　Michael Praetorius, *Syntagma musicum*, vol. 1（Wittenberg, 1615）, fol. b$^r$.

いる。

　宗教改革以降、典礼の要素を巡ってはさまざまな論争があった。しかし、プレトーリウスはルターがそうしたように、典礼のなかに含まれるローマ・カトリックの音楽遺産の総体をそのまま引き継ぎ、さらに聖と俗の、声楽・器楽を含む古代の諸地域の音楽遺産をも同時に引き継ぎながら、それらが全体として、神の栄光への賛美となる音楽神学論を展開したのである。

　第2巻の楽器事典のなかにも、広範な神学論が見られる。当時のローマ・カトリック教会やカルヴァン派教会には、宗教改革・対抗宗教改革の流れのなかで、あらゆる奢侈を教会から排除しようとする動きが起きており、それにルター派の教会も影響を受けようとしていた。楽器事典を神学的論考からはじめているのは、単に当時の習慣というのではなく、プレトーリウスがこれらの著作によって、こうした動きに対抗して、器楽を含む音楽が教会で使われるのにふさわしいことを「学問的に」示そうとしたためと考えられる。彼にとって、実践は常に理論の下位に存在するものであった。プレトーリウスが音楽に見ていた意味は、音楽を人間の精神的創作物である芸術とみなす現代の考えと大きく異なっており、彼はそうした異なる基盤の上で音楽について思考し、語っていたのである。

## 4. アタナーシウス・キルヒャー

　17世紀におけるもう一人の重要な理論家は、アタナーシウス・キルヒャー（1601–80）である。キルヒャーは、ドイツ生まれのイエズス会修道士であった。キルヒャーの時代、中世の伝統的な自由七科的な知の統合の伝統は次第に途絶え、学問は専門化の方向に向かっていたが、彼は類い稀な博識家で、中世以来の伝統であった普遍的知を、神学、哲学、修辞学、天文学、数学、そして音楽学の知識の統合を追求した最後の知者だったと言えるだろう。

　17世紀は、近代的な自然科学が芽生えた時代でもあった。ガリレオ・ガリレーイ（1564–1642）やヨハネス・ケプラー（1571–1630）に続き、アイザック・ニュートン（1642–1727）、ゴットフリート・ヴィルヘルム・ライプニッツ（1646–1716）といった人物が、科学的合理主義に基づく発見を重ねていくのもこの時代である。これらの発見は、結果的にそれまで絶

対的真理を伝えるとされてきた聖書の記述の矛盾に関する意識を目覚めさせ、それによってしばしば対立や軋轢が生じた。もっともこの時代の自然学は、例えば、聖書の天地創造を巡る記述の矛盾を指摘したり、否定したりすることが目的であったわけではなく、神の支配する世界である、自然や天体の現象を解明するという動機に基づくものであった。自然とは、神の完全な法則が支配する統一体であり、自然を追求することは神の摂理の追求でもあった。しかし、この時代に、これらの現象を神秘としてではなく、現象描写的に合理的に捉える科学思想の端緒が開かれていったのである。さらに、大航海時代が始まって以来、ヨーロッパにはさまざまな非西洋の文化が流入してきていたことも、学問に関する人々の意識を次第に変化させる要因となっていた。

キルヒャーの主著『普遍的音楽知 Musurgia universalis』(1650) のタイトルは、「普遍音楽」「音楽汎論」とも訳せるが、音楽を基軸にしたあらゆる知識の統合を目指したものである。この書物には、音楽が神の摂理、神の世界を表すものであるという彼の思想が一貫して見られる。「数は万物の規則であり規範である」(Musurgia universalis, I, 268) とキルヒャーは述べている。それと同時に、数を媒介として、人間、宇宙、音楽といったあらゆる存在を「システム」として捉える欲求が非常に強く表れているのも、この書物の特徴である。システムというのは全体と部分との有機的関係であり、彼はここで、システムとしての自然、システムとしての世界、システムとしての音楽を記述しようと試み、さらにそのシステムを量的に数値で表現しようとした。

この書物では、まずハルモニアについて論じられる。世界、天体、人間、魂、天使といった創造物がすべて調和的に（ハルモニアによって）統合され、神に支配されていることを示そうとする。ついで、そのハルモニアと数との具体的関係である、音楽とプロポルツィオ（音程論、音律論）について述べる。さらに、音の発生、音の発達、聴覚の機構といった、音が発せられて人間の近くで認知されるまでの過程を描いていく。ここでは近代科学的な観察と分析の作業が行われる。そして、作曲理論、情緒論（アフェクテンレーレ）、パトス論（タクトとテンポ、旋法、音程、様式論、楽器論、音楽による治療）といったトピックへと進んでいく。

さらに後半では、広範な世界音楽史が描かれている。彼の周囲にあった西洋芸術音楽だけでなく、あらゆる書物と伝聞情報を駆使して、エジプト音楽、ヘブライ音楽、ギリシア音楽についての知識を集成している。そこには、中世の思弁的学問および音楽を数の論理、天文学と結びつけて考える伝統と、近代的な科学的観察、史料批判的歴史記述の萌芽が混在する。

　音楽をシステムとして捉える考え方は、彼の楽器やその他の「装置」の描写にとくに強く表れている。彼はギリシア時代の水オルガン、時計などのシステムを発展させ、ユニークな自動音楽装置を数多く考案している。図示したものは、水力によってオルガンへの送風と自動演奏が同時に稼働する装置である。装置の上部向かって左側では3人の鍛冶屋が規則正しく槌を打ち、鍛冶屋の音を聞いて数比による音組織理論を思いついたというピュタゴラスの伝説を体現している。右側では死の舞踏が舞われ、黄泉の国でも死の舞踏音楽が奏でられることを示している。中央のオルガンの前には、天上の天使がこの装置全体を制御しているようなかたちで描かれている。この装置はこのように、天上、地上、黄泉の国が神の支配のもとに音楽すなわちハルモニアによって結ばれているという世界観を表している。

　キルヒャーは、作曲を行うデバイス、「アルカ・ムスルギア Arca Musurgia」（図2）も考案している。箱の中にさまざまな音とリズムを表す数列が記された札が入っており、箱の蓋と外側に記された表に従ってユーザーは歌詞を選び、その情緒に適合した旋法を選択し、声部数を選択するといった手順で「作曲」を進めていく。札にはキルヒャーが用意した多声の組み合わせが用意されており、それらを選んでつなぐことによって、「多声音楽」が作られていく、といった仕組みである。

　彼はまた純粋な器楽が、純粋に音だけの原理によって部分と全体の完全な統一体を作ることが可能であると述べている。純粋な器楽の曲種である「スティルス・ファンタスティクス」という概念を打ち立て、その例としてヨハン・ヤーコプ・フローベルガー（1616–67）の《ファンタジア　ウト、レ、ミ、ファ、ソ、ラ》（86頁参照）を挙げている。

　　「また多くの人々は、この種の多声楽曲をプレルーディウムと呼び、イ
　　タリア人はトッカータ、ソナタ、リチェルカータと呼んでいる。ここ

第7章 思考する音楽　143

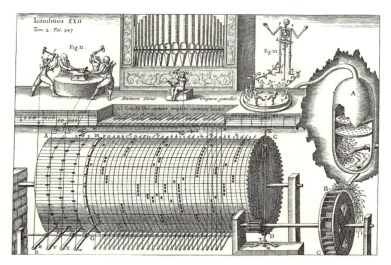

図1　キルヒャーの機械仕掛けの音楽演奏装置（Kircher, *Musurgia universalis*, 1650, II, 346.）

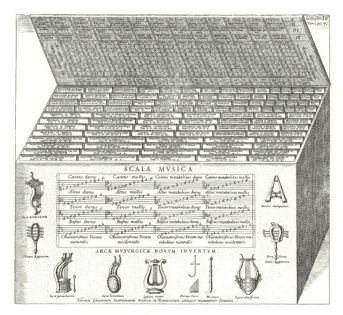

図2　キルヒャーの作曲デバイス「アルカ・ムスルギア」（Kircher, *Musurgia universalis*, 1650, II, 186.）

ではこの種の楽曲の一例としてここに、皇帝の祝祭オルガニストであり、かつての高名なオルガニスト、フレスコバルディの弟子であったフローベルガーの曲を挙げておこう。それはウト、レ、ミ、ファ、ソ、ラのうえに技巧を凝らして作曲したもので、その完璧な作曲技法、巧みに追いかけ合うフーガ（模倣）の配列、あるいはリズムのすばらしい変化や多様性を見ると、それ以上何ひとつ望むことはないように見えるのである。」[4]

　旧来の多くの音楽論においては、音楽は「言葉」（歌詞）に従属するものと考えられていた。しかしここでは、システムとしての音楽という概念が独立した器楽と結びつけられて、純粋な音の組み合わせだけによって完全な音楽を書くことができると宣言される。この作品は、音楽の基本要素の音階であるド、レ、ミ、ファ、ソ、ラをテーマとしている。（中世以来ソルミゼーション（階名唱）はこの6音によって行われた。「シ」が登場するのはずっと後の時代になってからである。）最初はこのテーマだけが奏でられ、続いて極めてシンプルに対旋律が付与される。その後、曲は次第に複雑さを増し、さまざまなリズム、さまざまな拍子を交えながら、最後は半音階と不協和音をふんだんに含む音楽へと発展する。そこで発せられる不協和音は決して不快な響きではなく、協和音と不協和音の心地よい交代として知覚される。

## 5. 思弁と実践の間（はざま）で

　キルヒャーがおもに関心をもっていたのは、学問のための学問、知のための知であった。作曲家や演奏家の実践に役立つような知識は、書かれはしたが、それは音楽理論家の中心的な課題ではなく、そうした実践の書はどちらかといえば価値の低いものとみなされていた。つまり、ムジクス［Musicus］、すなわち真の音楽家とは、音楽を知的に・哲学的に捉え、過去の偉大な知恵者たちが書き残したものを伝承して論じることができる者を指すのであって、ムジカント［Musicant］と呼ばれた楽器奏者や歌手よ

---

4　Athanasius Kircher, *Musurgia uniersalis* (Rome, 1650), I, 465.

りははるかに尊敬に値すると考えられていた。しかし、17世紀半ばを境に、思弁的・思索的な音楽理論はやがて影を潜め始め、実践的な理論がより多く書かれるようになる。すなわち、作曲法（対位法）、演奏法、音楽事典、音楽啓蒙書、音楽評論といったジャンルが、独立して出版されるようになる。この頃から、音楽を思索の対象というよりも、実践して楽しむものであるとする考えが主流になっていく。

演奏習慣を巡る記述は、独立した書物として出版されるよりも、むしろ出版楽譜の前文のなかにしばしば見られる。例えば、ゲオルク・ムファットは、フランスでリュリに学び、その演奏法を伝えているが、それは彼が出版した器楽作品の前文にかなり詳細に記された。また、ミヒャエル・プレトーリウスや、ハインリヒ・シュッツらも、多くの場合、楽譜の前文のなかに詳細な演奏指示と当時の演奏習慣についての記述を残している。

それとともに、通奏低音奏法の教本がいくつも続けて出版される。通奏低音奏法は、17世紀に入ってから音楽の基本とみなされるようになる。おそらく、オルガニストの能力として16世紀までは文字譜であるオルガン・タブラチュアが読めることがより重要だとみなされていた。しかし、オルガン・タブラチュアは17世紀に入るとやがて五線譜表に取って代わられていく。それに伴って、通奏低音奏法がより重視されるようになった。

通奏低音奏法は、16世紀からイタリアに広まっていたが、おもに教師から弟子に口頭で伝承されていたため、この技術がイタリアで体系的かつ理論的に記述されることは少なかった。しかし、17世紀に入ると、通奏低音奏法の伝承を記録した記述が現れる。フランチェスコ・ビアンチャルディ（1607）やアゴスティーノ・アガッツァーリ（1606、07）、ロドヴィーコ・ヴィアダーナ（1602）といった作曲家たちによる記述である。プレトーリウスは『音楽大全』第3巻のなかで、ともに1607年に書かれたビアンチャルディとアガッツァーリの記述を紹介し、それを解説するかたちで通奏低音奏法について詳述している[5]。その後、ハインリヒ・シュッツの弟子であったクリストフ・ベルンハルトも通奏低音奏法について記述するが（1650頃）、ここでは単に作曲法に関する理論のなかで付随的に通奏低音が扱われる。

---

5　Michael Praetorius, *Syntagma musicum*, vol. 3 (Wolfenbüttel, 1619), 124 ff.

これら17世紀半ばまでの通奏低音理論は、対位法理論の説明の延長として、いかに音を重ねていくか、あるいは、書かれた歌や楽器の声部を主体として、いかに音を添えていくかという方法に終始している。これらの理論は、口頭での指導に加えて補完的に用いられたものであるため、そこから演奏スタイルについてイメージをつかむことはできても、これ自体を読んで通奏低音奏法をマスターすることは事実上不可能である。

　しかし、18世紀に近づくとドイツ語圏において、鍵盤奏法の一環としての通奏低音技法を詳しく解説する教本が現れる。ゲオルク・ムファットが1699年頃に記した教本『音楽演奏の教則集 Regulae concentuum partiturae』は同一バスのバリエーション・トレーニングのために書かれており、実践的な教育にそのまま使用できる。また18世紀になると、フリードリヒ・エルハルト・ニート（1700、10）、ヨハン・ダーヴィト・ハイニヒェン（1711、28）がかなり詳細な実践のための通奏低音教本を著す。両者に共通するのは、通奏低音奏法が作曲法の基礎になるという考え方である。従来の考え方では、作曲は与えられた定旋律に対して2声、3声と音を当てがって曲を完成させる対位法の考え方が基本であったが、これらの新しい教本は、バスの上に当てがわれた和声的進行が曲の骨格をなし、それらを変奏することによって作曲することができるという発想の転換を示す。これは、17世紀から18世紀の転換期において作曲法の考え方の根本的変化があったことを跡づけている。（ニートの教本はバッハも用いていたことが分かっている。）

　しかし、作曲の理論、あるいは作曲法について記した独立した書物が出版されることは、極めて稀であった。作曲の教育は、バロック時代を通じ基本的に、古典的な対位法を学ぶことから始められていた。教師から弟子へ秘儀的な伝承が行われていたと考えられる。その際に作曲の基礎的なモデルとされたのが、16世紀の声楽ポリフォニーである。多声の作曲法、フーガの作曲法や、さまざまな模倣技法、転回対位法、複数のテーマの組み合わせ、テーマの拡大や縮小、テーマの鏡像転回、逆行といった多彩な技法は、バッハの《フーガの技法》（BWV 1080）などの作品においてよく知られているが、これらの技法はすべて、すでにバロック以前の時代にかなり洗練され、完成されていた。これらの作曲技法は、作曲家の実力を示す

ための秘技でもあったので、文字で直接理論を綴らなくても、こうした技法を楽譜のなかで体系的に示すことそのものが、理論的著作とみなされた。例えば、北ドイツの対位法の大家とみなされたヨハン・タイレ（1646–1724）は、『音楽の技法集 Das Musicalisches Kunstbuch』において、対位法の種々のテクニックの総覧を提示している。これは理論書というよりもむしろ曲例集で、そこには2曲のミサも含まれる。当時、とりわけ中北部ドイツでは、洗練された対位法は作曲家の実力の証とみなされており、同じく対位法の総覧であるバッハの《フーガの技法》は、そうした伝統のなかで音楽的思考を著した「理論書」とみなすことができるだろう。

体系的な対位法の教科書として有名なのは、ヨハン・ヨーゼフ・フックス（1660–1741）の『パルナッソス山への階梯 Gradus ad Parnassum』（1725）である。これは、当時出版された最初の本格的な作曲の教本と言って良いだろう。ラテン語、ドイツ語、フランス語、英語の各国語の版が18世紀中に出版され、かなり長きに亘って作曲の入門書として用いられた。しかし、この本は内容的には、それが出版される100年以上前のルネサンス時代に確立した、旋法による厳格な対位法様式による作曲法の教科書である。そのような様式がほぼ廃れていた時代に、作曲の基礎教育としてこの教科書が使われ続けたのである。著者であるフックス自身も、実際には、もっと新しいイタリアやフランスの様式に基づいた宮廷音楽をおもに書いていた。ここから、理論の基礎としての懐古主義はかなり長きに亘って続き、そして、それは芸術音楽の作曲教育においては、現在もなお引き継がれている。

作曲技法の理論書として、もうひとつ重要なのは、**ジャン＝フィリップ・ラモー**（1683–1764）による著作であろう。ラモーは、まず教会音楽の領域で活躍を始め、やがてオペラや劇音楽も手がけたが、フランス王家が安定していたリュリの時代と異なり、さまざまな政治的不安定さと人々の嗜好の変化に翻弄される。やがて彼は、理論的著作に没頭するようになる。彼の1722年の『和声論 Traité de l'harmonie』は、旧来の理論書のように過去の知識を再考し再構築するというアプローチはほとんど取らず、当時のアップトゥーデートな作曲における音の現象、実践される音楽を観察・分析して理論を構築しようとしている。以前の作曲理論は、一定の与えられた旋律（定旋律）に対して、どのような音度で音を当てがい、その際に

生じる不協和音程をどのように解決するか、あるいはどのように禁じられた進行を避けるかということで理論構築がなされていた。それに対して、ラモーのアプローチは、三和音そのものの種類が和声の進行を決定するという新しい考え方（いわゆる根音バス basse fundamentale の考え方）であった。これは、19世紀以降に発展していく調性和声原理に基づく理論の源となる考え方であった。古代からの理論および古典的な対位法の理論の再現と再構築ではなく、現象の観察によって帰納的に理論を構築する手法は、まさに啓蒙主義時代の精神を反映していると言える。

このように、合理的精神に基づく学問が芽生えていくのが17世紀末から18世紀にかけての音楽理論史の特徴である。それは時期的には、第5章で取り上げた音楽批評の出現とほぼ同時である。音楽に関しての知識が、修道院や教会において秘儀的に伝承されるのではなく、それがやがて一般市民にも開かれたものとなっていくのである。時を同じくして、音楽事典の出版も広がりを見せていく。最も有名なのは、**セバスティアン・ド・ブロサール**（1655-1730）の『音楽事典 Dictionaire de musique』（1704）である。ドイツでは**ヨハン・ゴットフリート・ヴァルター**（1684-1748）がこれを参考にして著した『音楽事典 Musicalisches Lexicon』（1732）が出版される。フランスにおける啓蒙主義の発展・成熟は、後の大規模な百科事典の出版につながっていくが、有名なディドロとダランベールの『百科全書』（1751-72）には、音楽家でもあった**ジャン＝ジャック・ルソー**（1712-78）が加わり、音楽や芸術・美学に関わる項目を執筆した。この事典に限らず、17世紀半ばあたりから刊行され始める多くの一般向け百科事典には、音楽に関連する項目が多数含まれており、当時の知識体系において、音楽に関する知識が占める割合が今日に比べて非常に高かったことが分かる。

キルヒャーに見られたような秘儀的・思弁的音楽の総合的知は、徐々に分業化され、専門化されていく。また、それと同時に市民社会の広がりも手伝って、次第に書物が一般の音楽ファンに向けられて出版されるようになる。1750年前後を境に、楽譜の出版は比較的平易な初心者向けのものが非常に多くなる。その頃ほぼ時を同じくして、演奏のための教本が次々と刊行される。ベルリンの宮廷音楽家**ヨハン・ヨーアヒム・クヴァンツ**（1697-1773）による『フルート演奏教程試論 Versuch einer Anweisung *die Flöte traversiere zu spielen*』(1752)、モーツァルトの父レーオポルト（1719-87）による『基本ヴァイオリン教程試論 *Versuch einer gründlichen Violinschule*』(1756)、バッハの息子**カール・フィーリップ・エマーヌエル・バッハ**（1714-88）による『正しいクラヴィーア奏法 *Versuch über die wahre Art das Clavier zu spielen*』(1753、62)、そしてバッハおよびクヴァンツの弟子であった**ヨハン・フリードリヒ・アグリーコラ**（1720-74）による『歌唱教本 *Anleitung zur Singekunst*』(1757)である。アグリーコラの教本は、イタリアの**ピエル・フランチェスコ・トージ**（1654-1732）による『古今の歌唱法に関する考え方 *Opinioni de' cantori antichi e moderni*』(1723)を翻訳しつつアグリーコラ自身の注釈をつけたものである[6]。

それは、教師から弟子へと秘伝として引き継がれた演奏技術でさえも、一般に開かれたものとなり、音楽のアマチュアたちの間に広がっていこうとしていたことを物語っている。同じ「バロック」時代の音楽理論であっても、その初期と末期では、ラテン語から各国語へ、抽象的な思弁論から実質的なチュートリアルへ、奥義としての博識から広く一般的な興味の対象へと大きく変わっていったのである。

## 6. ヨハン・マッテゾン

こうした時流に最も敏感に反応したのが、**ヨハン・マッテゾン**（1681-1764）である。マッテゾンは、啓蒙的音楽家としてよく知られている。彼は、フランスを中心にして起こった啓蒙主義的な新しい知の世界に最も早く影響を受け、最も広範な業績を残したからである。彼は若い頃から学問にも音楽にも秀で、そればかりか、税務官吏の息子ながら、舞踏、フェンシング、乗馬といった貴族がたしなんだ技芸にも慣れ親しんでいた。ハン

---

6 これらの教本は、邦訳が出されているので、参照されたい。ヨハン・ヨアヒム・クヴァンツ『クヴァンツ・フルート奏法試論——バロック音楽演奏の原理』、井本暁二、石原利矩訳、東京：シンフォニア、1976年；J. J. クヴァンツ『フルート奏法』、荒川恒子訳、東京：全音楽譜出版社、1976年；カール・フィーリップ・エマヌエル・バッハ『正しいクラヴィーア奏法』、東川清一訳、東京：春秋社、第1部 2000年、第2部 2003年；ヨハン・フリードリヒ・アグリーコラ『歌唱芸術の手引き』、東川清一訳、東京：春秋社、2005年。

ザ都市の自由な雰囲気で育ち、少年期にすでに、ドイツ最初の市民オペラ劇場として開設されたばかりのハンブルクのガチョウ広場オペラ劇場にデビューし、その後も1705年までオペラ劇場を中心に活躍した。そこでジョージ・フリデリック・ヘンデルと出会い、二人は意気投合してオペラ文化を盛り立てる。こうしたヘンデルとマッテゾンの関係を示す有名な逸話がある。この逸話の内容は、しばしば脚色や誇張され誤って伝えられているので、ここにマッテゾンが記した通りに引用しておこう。

> 同［1704］年12月5日、私の3つめのオペラ《クレオパトラ》が上演され、ヘンデルはチェンバロを担当した。その際、力がありあまり沈思黙考のきかない若者によくあるようなある種の誤解が、我々の間に生じた。私は作曲家として指揮をすると同時に、アントニウスの役を演じていた。これは終演30分前に殺される役であった。私はいつものように出番が終わったらオーケストラに戻り、残りの部分を自分で伴奏しようと思っていた。なぜなら作曲者の方が他の誰よりも良くできるというのは当然だからである。しかしヘンデルはそれを拒否した。それがもとで我々は癇癪に駆られて外に出て、オペラの出口の前の公の広場で人だかりのなか、果たし合いをすることになってしまった。もし神の恵み深い導きがなかったならば、この決闘は双方にとって非常に不幸な結果を生むことになったかもしれない。もし、私の剣の刃先が相手の衣服の金属製の幅のあるボタンに当たって砕けなかったならば。結果として、大事には至らなかった。ハンブルクの立派な市議会議員の一人と当時の劇場賃借人の仲介で、私たちはお互いのことを許すことにした。というのも、私は同日、すなわち12月30日にヘンデルを私の家でもてなす名誉が与えられ、その直後ともに、ヘンデルの《アルミーラ》の稽古をすることになり、以前よりももっと良い友だちになった。シラの書22章にこうある。「もしおまえが友に剣を抜いても、互いに罵り合うよりましだ。おまえらはまた友となることができる。おまえが友を避けることなく話し合うならば。」この話を私が真実な状況にしたがって説明するのは、人々が誤った理解のまま事実を曲げて言いふらすのはあっというまだったからである[7]。

---

7 Johann Mattheson, *Grundlage einer Ehren-Pforte* (Hamburg, 1740), Art. "Händel," 95.

## 第7章 思考する音楽　151

　この頃のマッテゾンは、新しい流行であるオペラという芸術の普及のために生き生きと活動をしていた。その後彼は、当時の音楽家としては異例の転職をする。もともと官吏としての教育を受け、仏、伊、英語にも堪能であった彼は、1704年に英国大使の秘書に任命される。さまざまな外国の音楽や新しい書物に触れることができる、外交官吏という立場は、彼にとっておそらく魅力的だったことだろう。（官吏の仕事の傍らハンブルクの大聖堂で音楽監督も務めていたが、歌手たちとの人間関係がこじれて辞任する。）こうしてマッテゾンは、さまざまな古代の、そして最新の知的リソースに触れることのできる稀有な立場にあった。その恵まれた立場と持ち前の勤勉さから、彼は出版された書物だけで約30タイトル、定期刊行物と手書きで残された書物も加えると、ゆうに100を超える著作を残し、その知的生産量は音楽理論家としては18世紀最大級である。

　彼が最初に出版したのは、1713年の『新設のオーケストラ Das neu-eröffnete Orchestre』である。小型のフォーマットで読みやすい文字、文章で仕上げられたこの本は、明らかに一般市民の聴衆のための音楽の指南書、入門書である。そこには、音楽の基礎知識と、当時一般に普及し始めていたさまざまなジャンル、フランス風音楽や舞曲、イタリア・オペラや劇音楽の知識を広めるという意図は明らかであった。そのタイトルにあるように、彼は同書をギャラントな（粋な）男たち［Galant Homme］（当然ここには市民社会を支えた女性たちも含まれるだろうが）のための、良き趣味［Gout］を養うためのものとしており、そこには、天真爛漫に当時の流行の音楽の良さ、すばらしさが描かれている。この頃のマッテゾンは、古代から伝わる思弁的音楽論や、音楽理論家の間で重要視されてきた厳格な対位法、そして高度で複雑な技法による音楽にさほど敬意を払うことなく、ひたすら新しい音楽を称えているようである。もちろん、彼は伝承されてきた古い理論を知ってはいたが、それらをほぼ無視するような挑戦的態度を取っていた。それは、フランスから入ってきた新しい思想、いわゆる啓蒙主義と言われる思想が、技巧を凝らした芸術を忌み嫌い、自然で分かりやすい芸術を指向したことと呼応している。彼は、文学の世界で啓蒙主義に基づき文学改革を行ったヨハン・クリストフ・ゴットシェート（1700－66）とも互いに影響を与え合っていた。ドイツの音楽家・批評家のヨハ

ン・アードルフ・シャイベ（1708-66）も、こうした新しい芸術運動に加わった人物のひとりである。

マッテゾンは続巻として『保護されたオーケストラ Das beschützte Orchestre』(1717)、『研究するオーケストラ Das forschende Orchestre』(1721) を出版する。1713年の本が338ページだったのに対し、1717年の本は561ページ、1721年の本は789ページと、年を追うにつれて大部なものとなっていることが分かる。彼の音楽理論は、これ以外の中間的出版物や、定期刊行物の出版を経ながら、『完全なる楽長 Der volkkommene Capellmeister』(1739) で集大成される。初期の書物は、音楽の諸芸術における優位性と、オペラを中心としたイタリア音楽、フランスの華麗な舞曲や管弦楽の美学を標榜するという目的で書かれていたのだが、年を経るにつれてマッテゾンの理論は複雑化し、さまざまな過去の知識を顧みて自らの理論のなかに組み込もうとするようになる。

こうした変化の原因として、新時代を標榜するマッテゾンには多くの攻撃者・反対者がいたことが大きく関係している。最初の攻撃は、ヨハン・ハインリヒ・ブットシュテット（1666-1727）によるものであった。『新設のオーケストラ』でマッテゾンが、キルヒャーらの先人の様式理論を無視して楽種理論（すなわち音楽の種類や様式に関する理論）を記述したこと、またグイード・ダレッツォ（991から92-1033以降）以来引き継がれていたヘクサコルドのソルミゼーション（ウト、レ、ミ、ファ、ソ、ラのみからなる階名唱法）と教会旋法はもはや必要ないと述べたことに対して、ブットシュテットは『ウト、ミ、ソ、レ、ファ、ラ　音楽のすべてと天上の調和 Ut, Mi, Sol, Re, Fa, La, tota musica et harmonia aeterna』(1717頃) という書物でマッテゾンに対し徹底的に反駁する。それに対してマッテゾンは、オーケストラ・シリーズの第2巻『保護されたオーケストラ』の副題で、ブットシュテットの書物のタイトル中の「音楽のすべて tota musica」という言葉を「死せる音楽 todte musica」ともじって皮肉り、古代の旋法名が刻まれた木が墓標を囲む口絵を添えている。

マッテゾンはさらに、ゲッティンゲンのギムナジウムの校長、ヨアヒム・マイヤーが教会音楽に劇場様式的な要素を混入させてはならないとした論争書を出版した際に反論し、マイヤーも再反論している。さらに、（後述の

## 第7章 思考する音楽　153

ように）新時代の音楽著述家であったミツラーとも一戦を交えている。

　ブットシュテットとの論争は明らかに、マッテゾンのその後の理論執筆の展開に大きく影響している。というのもブットシュテットが、伝統的な音楽の価値観、すなわち古代の音楽理論の蓄積のうえに現代の音楽が存在するという考え方に基づき、マッテゾンを批判したことは、マッテゾンが古代の音楽理論に関する研究を促進するきっかけを与えたと考えられるからである。マッテゾンはそこから古い音楽理論の研究に邁進し、それらの知識を『完全なる楽長』でまとめ上げようとする。そこには、中世のグイード・ダレッツォから16世紀の理論家ザルリーノ、そしてキルヒャーといった先人の知識から、最新の音楽についての知識、すなわち作曲家で言えばリュリ、ラッソ、ヘンデル、パレストリーナ（1525/26-94）、カストラート歌手のファリネッリ（1705-82）についての記述まで、あらゆる知識を盛り込んでいく。『完全なる楽長』はマッテゾンの理論の集大成と言われるが、実のところ記述形態は非常に複雑というか、むしろ乱雑で、思いつくままに書き急いだように思われるほどに情報が整理されていない。ブットシュテットに伝統的知識を反映していないと批判された彼の様式論は、『完全なる楽長』に至るまでにいくつかの段階で修正されていった。その際、複数の異なる体系をひとつのシステムに詰め込もうとしたため、分かりにくさが助長され、システムとしては矛盾に満ちたものとなっている。音楽の価値判断において、感覚の優位性を唱えるこれまでのマッテゾンの主張と、最新のオペラに代表されるような新しい趣味の音楽により高い価値を置く彼の姿勢は、この書物でも変わっていないが、歴史的知識と古代から引き継がれてきた理論の集積のうえに音楽理論が成り立っていなければならないという批判に、必死で応えようとする態度がこの本では明らかである。

　マッテゾンの音楽理論は、広範に知られるようになったと思われる。というのも、ローレンツ・クリストフ・ミツラー（1711-78）は、『音楽の書庫 *Musikalische Bibliothek*』（1736-54）という出版シリーズで、マッテゾンの多くの音楽書を注釈つきで出版していたからである。ミツラーは神学、哲学、音楽、医学を学び、多岐に亘る学問をライプツィヒ大学で教えていた。マッテゾンを尊敬する彼はその講義で『新設のオーケストラ』を利用し、

マッテゾンに自らの著作の献呈もしていた。『完全なる楽長』のかなりの部分も『音楽の書庫』に再録されて、ミツラーはこれに詳細なコメントをつけて紹介している。ところが、いくつかの批判的なコメントが、マッテゾンの逆鱗に触れ、反論させることになる。数学者でもあったミツラーは、音楽と数学が同じ領域の学問であると考え、数理的な構造物は神の創造した天の秩序に通じるものであるという中世以来のテーゼを、近代的な方法で説こうとしていた。それに対して、マッテゾンは感覚［sensus］が優位に立って音楽の価値判断が行われると考えていた。つまり、ミツラーは伝統的な音楽理論の基盤のうえに自らの思想を積み上げようとしていたのに対して、マッテゾンは伝統的で思弁的な音楽思想をまず捨てて、自らの感覚による価値判断と周囲に存在する実際の音楽の描写からスタートした。そして、そのうえで他の理論家や著述家との論争を通じて思考を続け、自らのテーゼと古代の知の体系とを関係づけようと模索していたのである。

　しかし、晩年のマッテゾンは、まったく異なる方向へ向かう。『完全なる楽長』を出版した後のマッテゾンは、やがて神学研究に没頭するようになるのである。『解き明かされたセラ Das erläuterte Selah』（1745）では、聖書のなかにある音楽に関する記述を徹底的に調べ、論考している。『天上の音楽の証明 Behauptung der himmlischen Musik』（1747）では天国における音楽の実在について論じ、『プラス・ウルトラ Plus ulrta』（1754–56）では、音楽を神に仕えるために用いることや、音楽の倫理的・神学的意味における乱用の問題を扱っている。若い頃、はつらつと時代の先端の風を切って進むことに誇りをもち、ヘンデルとも競うほどの自信に満ちあふれていたマッテゾンは、合理主義と観察主義、感覚による価値判断をうち立てて音楽批評と理論記述の道に踏み込んだが、最後には、自らのテーゼと、西洋文明の基盤となった神学と哲学との間の折り合いをつけるという道を歩むことになったのである。

　現代の我々は音楽を、自らの趣味の領域のものであると捉える。音楽の社会階層性がかつてのような意味をもたなくなったメディア化された現代において、自らの感覚による価値判断が、音楽を提供する側にとっても享受する側にとっても最重要とみなされている。マッテゾンの記述を見る限

り、マッテゾンも、おそらく当初は、そうした我々の時代の感覚に近い音楽感覚をもっていたに違いない。しかし、音楽が知と教養の領域にあり、音楽は感じるだけでなく、思考する対象であるということが、現代に至るまで西洋音楽の歴史の土台をなしてきたことは間違いない。たしかにバロック時代において、批判精神を重視し、実証的現象として音楽を捉える傾向、また自然であることを重視し、感覚性を重んじて音楽を捉えようとする啓蒙主義的な音楽の捉え方が徐々に強まっていくのは事実である。しかし、中世から引き継がれた抽象的な思考や思弁的な論考の影響は、この時代全体を通じてその根底で常にオスティナート・バスのように鳴り続けたのである。音楽を耳で楽しむだけではなく、キリスト教信仰に基づいて天上の音楽や宇宙の音楽を「実在」あるいは「実存」するものとしてイメージしつつ、当時の人々が音楽を聴いていたということは紛れもない事実であった。そうした時代の音楽を聴く現代の我々が、当時の音楽の語るメッセージを受け取り、それを理解しようとするならば、少なくとも彼らが抽象的思弁、あるいは、神への信仰のなかで心に描いていたものに、思いを馳せてイメージすることが不可欠なのであろう。

# 終章　あるいは、あとがきに代えて

ワンダ・ランドフスカ（1879–1959）の肖像。エミール・オルリックのエッチング。古楽復興運動の草分けであり、チェンバロの復興、バッハの鍵盤音楽の普及に絶大な影響を与えた。

歴史の見方、考え方はひとつではない。違った角度から見れば違って見えてくる。ごく当たり前のことだが、このことを理解するのは実は難しい。本書で書いた歴史の解釈、見方は、たしかに相対的なものである。本書ではごくひとつの考え方を提示したにすぎない。では、それはこの本の著者である私の個人的な感想にすぎないのか、と問われれば、それには私は否と答えよう。ドイツを中心とする一音楽史研究者の視点ではあるが、少なくとも私はこれまで多数の音楽に関わる歴史的ドキュメントを読み、当時の音楽家たちの声に耳を傾けてきた。本書のあらゆる部分は、歴史的資料に基づき、彼らの語り残した声を頼りに記述したつもりである。もちろん、歴史資料はすべてが残っているわけではないし、その間を推測で埋めなければならないというのは、歴史を記述するものの宿命でもある。その推測は、残っている資料に照らして、信憑性のあるものでなければならないし、そのことにも努めてきたつもりである。もちろん、今後の研究によってそれが修正されなければならなくなる可能性があることも、認めたうえで、である。

　重要なのは、歴史的な事実、音楽作品が我々にどのような意味をもつかという問いを問い続けることである。本書では、バロック時代のさまざまな出来事を、現代社会の事象と結びつけるように努めてきた。それを唐突あるいは奇異に感じる読者諸氏もいるかもしれないし、そうした連想はそれぞれの考え方や立場によって異なる面も多くあるだろう。しかし、少なくとも、音楽を学ぶ人たちや、音楽に取り組んだり、親しもうとする読者の諸氏に、現代と歴史との関連を意識していただくために、歴史の捉え方・考え方を例示するために、それを行ってきたつもりである。現代社会において音楽は個人の「趣味」に属する領域であるから、かつての、何百年以上前の音楽と、個々人との関わり方には、多種多様なものがあるだろう。だからこそ、自分自身とその音楽との関係を、一人一人問うてみてほしいと、強く希望している。

　文学や造形芸術はその作品を、言葉で、あるいは視覚で直接感じる。しかし、音楽の場合は、歴史的作品と享受者の間に演奏という行為が存在する。演奏者は音楽作品、楽譜に書かれた音を解釈し、聴き手に伝える。音楽作品と個々人の中間に、仲介者あるいは解釈者としての演奏者が存在してい

る。そのため、その受容形態や考え方がさらに多層的で、複雑である。しかも、近年の研究で明らかになってきたことは、かつての作曲家たちは必ずしも音楽作品を固定され、完成されたものと捉えていたわけではなく、作品のかたちそのものが極めて流動的だったことである。演奏者はそうしたことも含めて、選択をしていかなければならない。つまり、聴き手は、歴史的作品の伝えようとするメッセージと同時に、演奏者の音楽の捉え方、感じ方、考え方を聴き取ることになる。演奏者は、楽譜はもちろんのこと、その音楽をめぐるあらゆる歴史的状況を勘案しながら、それを解釈していく。その演奏の指針や考え方は、歴史のなかで著しく変化した。

## 1. 古楽復興運動のその後

　バロック音楽の演奏シーンは、1980年代以降劇的に変化していったと言って良いだろう。それは、いわゆる「古楽復興運動」の影響による。古楽復興運動というのは、かつての音楽を、かつての楽器を使い、かつての演奏法でなるべく忠実に再現しようとした運動である。それ自体の歴史は古く、イギリスでは**アーノルド・ドルメッチ**（1858-1940）が、20世紀の初頭に古楽器の復興を進め、リコーダー演奏を普及させていった。また、ポーランド出身で、ヨーロッパ、アメリカで活躍したピアニストの**ワンダ・ランドフスカ**（1879-1959）も、バッハをチェンバロで演奏することにエネルギーを費やした。博物館から取り出したチェンバロのような原始的な楽器で、演奏をすることに何の意味があるのか、とほとんどの音楽家や音楽関係者が考えていた時代に、画期的なことであった。

　その後、古楽器の復興や研究は細々と続けられてきた。しかし、そこに1980年頃から非常に大きな変革がもたらされる。その頃、古楽の世界に革命的なインパクトを与えたのは、**ニコラウス・アーノンクール**（1929-2016）、**グスタフ・レーオンハルト**（1934-2012）、**フランス・ブリュッヘン**（1934-2014）、**ジョン・エリオット・ガーディナー**（1943-　）、**クリストファー・ホグウッド**（1941-2014）、**トン・コープマン**（1944-　）といった世代の音楽家たちであった。彼らは、演奏だけでなく、音楽研究にも傾倒し、音楽学的な知見を、実際の演奏に生かしていった。これを通じ

て、かつての音楽の魅力を、非常に印象的、かつ極めて衝撃的に、聴く者に示したのである。演奏技術、学究的な確かさ、音楽的な魅力がすべて揃った演奏を次々と発表していったのが、この世代の音楽家たちであった。

古い音楽やレパートリーの発掘、演奏法、楽器についての研究は、20世紀以降、音楽学者たちが先んじて盛んに行っていた。音楽学研究、音楽史研究の問題意識を、演奏の分野で共有し、それを学びつつ実践していったのが、これらの演奏家たちであった。そして、それまでの細々とした古楽復興運動が、彼らの手で、むしろ主流と言われる地位にまで引き上げられていったのである。

## 2. 歴史的正当性とは何か

こうした歴史的音楽の復興運動の根本的な動機は、19世紀〜20世紀を挟み変わってしまった演奏の様態をもとの状態に取り戻し、古い音楽をそのままの状態で、そのままの音響で聴いてみたいということだった。そのために、あらゆる学問的な知見が駆使された。かつてのあるがままの音楽の姿を求めて、歴史的検証・研究が進められていったと言っても良いだろう。こうした「かつてのあるがままの音楽の姿」のことはしばしば、歴史的に正当な、あるいは「オーセンティックな」ものと呼ばれた。

歴史的正当性、あるいは「オーセンティシティ」の概念は、音楽のテキストすなわち楽譜と、音楽の演奏との両方に当てはめられた。楽譜テキストの研究は、20世紀に目覚ましい発展を遂げた。その目的、あるいは動機は、作曲家が意図した最終的な正当な作品のかたちが、どのようなものであったかを明らかにすることであった。楽譜は、さまざまな形で伝承されていく。作曲家本人が何度も書き換え、その過程の楽譜がいくつも残っていることは珍しくない。その場合は、作曲家が最終的な作品とした最もオーセンティックな楽譜はどのようなものか、ということを解明していく。作曲家本人が書いたものが残っていなくて、書き写した楽譜がいくつも残っている場合もある。その際は、失われた作曲家自身の最終稿に最も近い楽譜はどれかということを解明していく。具体的には、各資料の筆跡鑑定をし、各資料を比較し、書いた人間が分かっていれば、その人間が作曲家と

## 終章 あるいは、あとがきに代えて

どのような関係であったのかということも考慮しながら、正当な・オーセンティックな楽譜を解明していった。こうした研究は、テキスト批判とか、資料批判、文献学、古文書学などの呼び方で呼ばれたが、さまざまな歴史文献の研究で培われた方法が音楽に応用されていった。

演奏に関して言えば、かつての音を再現するためのさまざまな研究が進められた。残った楽器からその構造、製造法、材質、サイズ、種類などが徹底的に調査された。そして、楽器が再現できる場合にはそれを再現して、その演奏技術に関する研究もなされてきた。楽譜のなかに書かれた演奏法の指示、楽器の教本などの研究が進められた。ピッチや調律法に関しても、文書資料、物的資料から解明が進められた。また、声に関しても、どのような歌い方が指示されていたのか、あらゆる方法で検討された。合奏音楽であれば、どのような楽器編成であったのか、当時のオーケストラがどういうサイズで、どの楽器に何人くらい当てがわれたのか、演奏された場所がどのような場所であり、その建物のなかではどの程度の残響と音響効果があったのか、そうしたことに対して非常に熱心な研究が行われた。そうして、歴史的に正当な、「オーセンティック」な演奏とは何か、ということの研究が進められていったのである。

しかし、こうしたオーセンティックな音楽の姿を再現しようとする研究は、どうしても壁にぶつかった。音楽のテキスト研究、楽譜研究に関して言えば、最終的なオーセンティックな楽譜のかたちが必ずしもひとつではないことが分かってくる。作曲家が再演のたびに楽譜を書き換えるということは常であったし、失われてしまった楽譜をどうしても再現できない場合もありうる。

また、演奏の場合はもっと難しい。録音も録画もなかった時代の演奏を再現するためには、さまざまな文書資料のみに頼らなければなららず、口頭伝承されたであろう演奏の技術について、文書で詳しく記録されることは例外的なほど稀であった。演奏法についての記録は楽譜よりさらに断片的にしか、我々に伝えられていないのである。その断片をつなぎ合わせて当時の演奏のあり方を知ることは、探偵が小さな証拠やさまざまな兆候を見逃さないようにして、事件の見立てをしていくことに似ているかもしれない。

本書で何度か強調したが、もうひとつ大きな問題がある。それは、現代人の耳が、バロック時代の人々のそれとはまったく変わってしまっていることである。ひとつには、バロック時代と現代の間にはすでに300年近い隔たりがあり、その間にさまざまな音楽が生まれ、バロック時代の人々が知りえなかった音楽を私たちは知っている。さらには、まったく違う音環境のなかで生きているということも、我々の音楽を聴く耳を大きく変化させてきている。拡声器、録音、メディア、電子技術、大容量データ送信といった技術を手に入れた現代人は、そうした技術の発達に順応したこれまでになかった感覚を身につけつつある。

かつての音楽をいかに忠実に再現しようとしても、それについての知識や情報が完全でない、しかも我々の耳がかつてのものとまったく変わってしまっている。そもそも、バロック時代の音楽を当時のまま再現することはまったく不可能である。しかし、それ自体を無意味と考えるのは、短絡である。かつては学者の間でも、過去の演奏習慣を知ること、楽器について知ること、楽譜の資料研究をすること自体は、学問的には意味のあることではあるが、演奏家はそうしたあらゆるものから自由に演奏すれば良いのであって、そうした古い習慣を再現することに意味はない、という意見もあった。演奏家があらゆるものから自由であるのは事実であるが、あらゆるものへの自由も、もっている。古楽運動、過去の音楽の復興運動は、歴史的資料の限界という壁にぶつかるが、そこから非常に多くのインスピレーションを得て、ここ数十年間の音楽シーンを塗り替えていった。古楽運動は当初、演奏の「正当性」を求める運動であったが、やがて、歴史的音楽の忠実な再現という限界を超えて、かつて生きた人々と現代の我々との豊かな対話を見出すようになってきているのである。

## 3. 21世紀のバロック演奏

バッハの演奏にしても、ヘンデルの演奏にしても、フランス音楽の演奏にしても、近年の音楽シーンは、数十年前に比べるとまったく異なったものになっている。

古楽運動がさかんになった当初は、古楽器を使うことこそが正しい演奏

## 終章 あるいは、あとがきに代えて

だという考えをする人々も多く、当時は、古楽器かモダンかという、二者択一的な考え方をする傾向が強かった。しかし、現在、どちらかで演奏しなければならないとか、どちらが正しいとか言う演奏家はほとんどいなくなった。古楽の復興運動は、現代の音楽の世界全体に多くの実りをもたらした。

　古楽復興運動と過去の演奏習慣研究を通じて明らかになった知識は、近年広く普及するようになった。古い楽器の演奏技術を身につけるには、非常な努力を要し、時間のかかることである。長年の労苦のもとにモダンの弦楽器の演奏技術を身につけた人も、バロック楽器に持ち替えると、最初は音が止まってしまい響きのある音が出ない。楽器の構え方、弓の持ち方、弦に欠ける圧力、位置、多くのことを変えて演奏しなければならない。管楽器にしても、バルブのないトランペットやホルンで演奏するのにはなかなかの苦労がいることである。楽器の性質に合わせた唇とマウスピースの関係、吹きかける量を調整していかなければならない。鍵盤楽器にしても同じである。1980年以降、歴史的モデルに基づくオルガンやチェンバロが多数作られるようになった。とくに、20世紀に普及した電気でアクションを制御するオルガンのシステムは、音を瞬時に切り換えられる、演奏台とパイプの位置を自由にできる、どの位置にあっても軽いタッチで演奏できるというメリットを与えてくれた。しかし、それでは表現できない中間のタッチがあること、アーティキュレーションがあることを、古楽復興運動は示していった。かつてはピアノで慣れ親しんだ指使いの原則やタッチを、こうした奏法に順応させていくのにも大変な労力が必要である。しかし、現代の演奏家のほとんどはモダンの楽器を経て、古楽器を演奏することによって、両方の良さと、両方の難しさを、身をもって知るようになった。そうした演奏家たちは、それぞれの状況に合わせて、それぞれの楽器を選択し、豊かな演奏を提供してくれている。状況に合わせて、楽器や演奏法を組み合わせ、音楽を通じた豊かなコミュニケーションの場を作り上げようとしている姿は、バロック時代の演奏家もまた同様であった。こうした演奏家諸氏の努力によって、我々は当時の人々の音楽の豊かさを知る恩恵に与かれるのである。

　1980年代から集中的に活躍した世代の音楽家たちは、教師としても非常

に優秀で、多くの弟子を育てていった。現在は、その若い世代が古楽の世界の中心となっている。今日の演奏シーンでは、長年の試行錯誤をしながら苦労をして技術を習得していった最初の世代の演奏家たちによって指導を受けた第2、第3世代の演奏家たちが育ち、幅広く活躍している。彼らは場合によっては、その教師たちよりも優れた技術を身につけている。人間の身体性について、競争のなかで向上していく現象を我々は歴史のなかで見ている。それは、スポーツ選手が競い合って技術を年を追うごとに高めていくのと同じである。まさにそうした現象を古楽の世界に見ることができるのである。

　また、声楽の世界においても、多くの変革が起きているように思える。17〜18世紀の人間よりも、21世紀の人間の方が体格的には恵まれていることは明らかである。広い会場で大オーケストラをバックにオペラのアリアを歌うために、声量を上げることを非常に重視した音楽教育がこれまで展開されてきた。だが、大きい良い声であればすべて良し、といった風潮は近年修正されてきている。これは、古楽演奏の訓練を受けた演奏家たちの活躍と関係しているかもしれない。音量的に控えめなバロック楽器とのアンサンブルには、2000人の会場に轟かせるような大声は必要なく、むしろ言葉のニュアンスと楽器のアーティキュレーションとの対話、アンサンブルが非常に重視される。

　そして、かつては有名な少数の音楽家たちが、古楽演奏のシーンを牽引してきたが、現在は多数の音楽演奏団体が、ヨーロッパ、北米各地で、そして日本を含むアジアで活躍している。ライブコンサートに集う者の数が近年増えているという話を、第5章でしたが、古楽演奏会の開催頻度も明らかに増えている。

　だが、おそらく、かつてのバッハ演奏が古めかしく聴こえるようになったように、現在の主流の古楽演奏の方法がやがて古めかしいものに聴こえてくる日もきっと来るであろう。市民社会が拡がって以来、聴衆は常に移り気で、常に感覚的に目新しいものを求めるという状況は変わらないからである。

　しかし、バロック音楽を含む古楽の世界には、無限の夢と可能性がある。音楽は、博物館や古文書館から掘り出した古ければ古いほど価値があると

いったものではない。音楽にはかつての時代を生きた人々の心や思想が刻み込まれており、現代の我々はそれを実際に音にしながら読み取っていく。我々は、かつての人々と同じ生を生きることは決してできないが、かつての人々の心や思想の解釈者となることはできる。演奏する者は、自身のなかにある音楽、自身の心や思想を、かつての音楽に重ね合わせたり、かつての音楽と対話をしたりしながら、それを聴く者に伝えていく。過去の音楽の演奏は、決して自分を殺してかつての人々になりきるものではない。そして、演奏者には、そうした歴史的音楽を解釈し、聴く者に伝えるというすばらしい特権が与えられている。もちろん、そのためには演奏者は、単に自分の感覚のみに従うのではなく、また教師に教わった通りに演奏するのではなく、自分自身で歴史の声に耳を傾けて、自身で考えながら解釈し、そのメッセージを聴くものに伝えていく姿勢が必要である。

そういう意味では、21世紀は非常に恵まれた環境にあると言えるだろう。インターネット時代の情報化社会は、古楽演奏の世界にも非常に大きなメリットをもたらしてくれた。例えば、ごく20年ほど前までは、わざわざベルリンやライプツィヒまで行かないと決して見ることができなかったバッハの多くの自筆譜が、現在はインターネットを通じて、しかも極めて高解像度で見ることができる[1]。多くの音楽に関する歴史的資料、演奏習慣に関する理論書、スコアやパート譜を含む楽譜、楽譜ソフトやmidiソフトで使用できるファイル、合唱団のパート練習で利用できる音声ファイルといった、あらゆる資料が、世界中で居ながらにして手に入れられるようになっているのである[2]。なかには、学究的に検証されていない質の悪い情報が含まれることも事実ではあるが、かつては相当に苦労しなければ手に入らなかったものが、容易に手に入るようになったことの利点は極めて大きい。

しかし、いくら情報が増えたからといって、現代の我々のそれらを読み解く能力が格段に向上したわけではない。古い音楽の楽譜を当時の習慣に則って読み解く能力、また古い文献を読み解く能力を身につけるためには、一定の時間、努力と忍耐が必要である。また、情報が多いだけに、質の悪い情報を見極める能力も必要である。幸い、訓練をされた演奏家が増える

---

1　Bach Digital, accessed on July 28, 2016, http://www.bach-digital.de/.
2　例えばIMSLP Petrucci Music Library, accessed July 28, 2016, http://imslp.org/.

にしたがって、またそれを学ぶものも増え、多くの音楽学校で古楽の演奏習慣が学べるようになってきている。各地の大学で、音楽学を学びつつ、音楽演奏も学べる体制は、全世界で整ってきている。

　そして、そういう訓練を受け、学んだ音楽家や研究者たちが、古い音楽の面白さを、演奏を通じ、演奏の際のトークを通じ、解説を通じ、書物を通じ、一般の人々に伝えようと努力をしている。本書もその一端を担うものである。

　バロック音楽を含む古楽の世界には、無限の夢と可能性がある。それは、かつての音楽が伝えようとしたものに、耳を傾け、そこから学び、そこから新たな発見を、新たな試みを行う音楽家がいる限り、バロック音楽が古めかしく陳腐なものになることは決してないだろうと考えるからである。

# 人名索引

欧文のみで表示されている人名は最後に掲載した。
脚注に出てくる場合は、その頁数を斜体で示した。

## 【ア行】

アガッツァーリ、アゴスティーノ　Agazzari, Agostino　145
アグリコラ、ヨハン・フリードリヒ　Agricola, Johann Friedrich　149　*149*
アードラー、グイード　Adler, Guido　26, 27, 34　*27*
アーノルト、ヨッヘン　Arnold, Jochen　139　*139*
アーノンクール、ニコラウス　Harnoncourt, Nicolaus　159
アポッロニア　Apollonia　124
アミオ、ジョゼフ＝マリー　Amiot, Joseph-Marie　79
アリストテレス　Aristoteles　93
アルトゥージ、ジョヴァンニ・マリーア　Artusi, Giovanni Maria　42
アルトニコル、ヨハン・クリストフ　Altnikol, Johann Christoph　23
アンジェレッタ　Angeletta　124
アンナ・マリーア・デッラ・ピエタ　Anna Maria della Pietà　124
アンリ4世　Henri Ⅳ　36
ヴァルター、ヨハン　Walter, Johann　138
ヴァルター、ヨハン・ゴットフリート　Walther, Johann Gottfried　148
ヴィアダーナ、ロドヴィーコ　Viadana, Lodovico　145
ヴィヴァルディ、アントーニオ　Vivaldi, Antonio　58, 59, 123
ヴェルクマイスター、アンドーレアス　Werckmeister, Andreas　79, 82, 83　*83*
大崎滋生　*27*
オルリック、エミール　Orlic, Emil　157

## 【カ行】

カッチーニ、ジューリオ・ローモロ　Caccini, Giulio Romolo　35, 36　*121*
カッチーニ、フランチェスカ　Caccini, Francesca　*121*
ガーディナー、ジョン・エリオット　Gardiner, John Eliot　159
カナレット　Canaletto　45
ガブリエーリ、ジョヴァンニ　Gabrieli, Giovanni　21, 52-54
ガリレーイ、ヴィンチェンツォ　Galilei, Vincenzo　36, 37
ガリレーイ、ガリレオ　Galilei, Galileo　36, 140
カルヴァン、ジャン　Calvin, Jean　93-95, 102, 140
カルダーラ、アントーニオ　Caldara, Antonio　123
カント、イマーヌエル　Kant, Immanuel　25
ギボンズ、オーランド　Gibbons, Orlando　48
木村佐千子　*21*
キルヒャー、アタナーシウス　Kircher, Athanasius　38, 133, 140-144, 152, 153　*144*
キルンベルガー、ヨハン・フィーリップ　Kirnberger, Johann Philipp　79
グイード・ダレッツォ　Guido d'Arezzo　152, 153
クヴァンツ、ヨハン・ヨーアヒム　Quantz, Johann Joachim　124, 148　*124, 149*
クープラン、フランソワ　Couperin, François　120
クープラン、ルイ　Couperin, Louis　84, 85
グラレアヌス、ヘンリクス　Graleanus, Henricus　134
グルリット、ヴィリバルト　Gurlitt, Wilibald　34
クレシェンティーニ、ジローラモ　Crescentini, Girolamo　130
クレメンス8世　Clemens Ⅷ　94
棗形亜樹子　*79*
ゲイ、ジョン　Gay, John　104
ケプラー、ヨハネス　Kepler, Johannes　140
コシャン、シャル＝ニコラ　Cochin, Charles-Nicolas　89
ゴットシェート、ヨハン・クリストフ　Gottsched, Johann Christoph　151
コープマン、トン　Koopman, Ton　159
コルシ、ヤーコポ　Corsi, Jacopo　36
コルデス、マンフレッド　Cordes, Manfred　53
コレッリ、アルカンジェロ　Corelli, Arcangelo　56-58

コーンズ、ライアン　Koons, Ryan　128　*128*

【サ行】

サクラーティ、フランチェスコ　Sacrati, Francesco　31
サグレード、ニコロ　Sagredo, Nicolo　109
ザルメン、ヴァルター　Salmen, Walter　*50*
ザルリーノ、ジョゼッフォ　Zarlino, Gioseffo　42, 153
ジェズアルド、カルロ　Gesualdo, Carlo　39
シャイベ、ヨハン・アードルフ　Scheibe, Johann Adolph　107, 137, 151
シャルル・ド・ブロス　Charles de Brosses　*99*
朱載堉　79
シュッツ、ハインリヒ　Schütz, Heinrich　10, 21, 52, 54, 55, 82, 145　*41*
スヴェーリンク、ヤン・ピーテルスゾーン　Sweelinck, Jan Pieterszoon　102
スコット、ジョン・W　Scott, Joan W.　*116*
ストロッツィ、バルバラ　Strozzi, Barbara　109, 121, 122
ストロッツィ、ベルナルド　Strozzi, Bernardo　109

【タ行】

タイレ、ヨハン　Theile, Johann　147
ダランベール、ジャン・ル・ロン　D'Alembert, Jean Le Rond　148
ダールハウス、カール　Dahlhaus, Carl　34, 47　*34, 47*
チマローザ、ドメーニコ　Cimarosa, Domenico　123
チマローリ、ジョヴァンニ・バッティスタ　Cimaroli, Giovanni Battista　45
ツヴィングリ、フルドリッヒ　Zwingli, Huldrych　95
ツェルニー、カール　Czerny, Carl　23
ディートリヒ、コンラート　Dieterich, Conrad　95　*95*
ディドロ、ドニ　Didelot, Denis　148
テーレマン、ゲオルク・フィーリップ　Telemann, Georg Philipp　21, 28
トゥンダー、フランツ　Tunder, Franz　102
トージ、ピエル・フランチェスコ　Tosi, Pier Francesco　149
ドーニ、ジョヴァンニ・バッティスタ　Doni, Giovanni Battista　38
富田庸　*23*
ドルメッチ、アーノルド　Dolmetsch, Arnold　159
トレッリ、ジャーコモ　Torelli, Giacomo　31

【ナ行】

ナイトハルト、ヨハン・ゲオルク　Neidhardt, Johann Georg　79
中村美亜　*116*
ナポレオン1世 → ボナパルト、ナポレオン
ニート、フリードリヒ・エルハルト　Niedt, Friedrich Erhard　146
ニュートン、アイザック　Newton, Isaac　140
ヌツィウス、ヨハネス　Nucius, Johannes　136
ネーフェ、クリスティアン・ゴットロープ　Neefe, Christian Gottlob　23
ノース、ロジャー　North, Roger　103, 107　*107*

【ハ行】

ハイドン、ヨーゼフ　Haydn, Joseph　24
ハイニヒェン、ヨハン・ダーヴィト　Heinichen, Johann David　124, 146
バウム、ハインツ　Baum, Heinz　129　*129*
パガニーニ、ニコロ　Paganini, Nicolò　42, 56
ハッセ、ヨハン・アードルフ　Hasse, Johann Adolf　123
服部幸三　34
バッハ、ヴィルヘルム・フリーデマン　Bach, Wilhelm Friedeman　22
バッハ、カール・フィーリップ・エマーヌエル　Bach, Carl Philipp Emanuel　22, 149　*149*
バッハ、ヨハン・ゼバスティアン　Bach, Johann Sebastian　10, 14, 17 – 29, 32, 59, 68, 69, 87, 96, 102, 103, 105 – 107, 146, 149, 157, 162, 165　*21, 107, 165*
バード、ウィリアム　Byrd, William　48
バトラー、ジュディス・P　Butler, Judith P.　*116*
バニスター、ジョン　Banister, John　102, 103, 107
バルディ、ジョヴァンニ・デ　Bardi, Giovanni de'　36
バルテル、ディートリヒ　Bartel, Dietrich　137
パレストリーナ、ジョヴァンニ・ピエルルイージ・ダ　Palestrina, Giovannni Pierluigi da　153
ビアンチャルディ、フランチェスコ　Bianciardi, Francesco　145
ピカード、ライザ　Picard, Liza　*100*
ピュタゴラス　Pythagoras　74, 75, 77, 134
ファイン、コーデリア　Fine, Cordelia　*117*
ファリネッリ　Farinelli　153
フェルメール、ヨハネス　Vermeer, Johannes　119
フォルケル、ヨハン・ニコラウス　Forkel, Johann

人名索引　169

Nikolaus　24, 25　*24*
ブクステフーデ、ディートリヒ　Buxtehude, Dietrich　102
福中冬子　*112*
フーコー、ミシェル　Foucault, Michel　*116*
ブコフツァー、マンフレート・F　Bukofzer, Manfred F.　34, 48　*48*
フックス、ヨハン・ヨーゼフ　Fux, Johann Joseph　147
ブットシュテット、ヨハン・ハインリヒ　Buttstett, Johann Heinrich　152, 153
ブラックモア、リッチー　Blackmore, Ritchie　42
ブリテン、ベンジャミン　Britten, Benjamin　132
ブリュッヘン、フランス　Brüggen, Frans　159
プリンツ、ヴォルフガング・カスパー　Printz, Wolfgang Caspar　38
ブル、ジョン　Bull, John　48
ブルマイスター、ヨアヒム　Burmeister, Joachim　136
ブルーメ、フリードリヒ　Blume, Friedrich　33, 34 *33*
フレスコバルディ、ジローラモ・アレッサンドロ　Frescobaldi, Girolamo Alessandro　48, 144
プレスリー、エルヴィス　Presley, Elvis　41, 43
プレトーリウス、アンドレアス　Praetorius, Andreas　138
プレトーリウス、ミヒャエル（父）　Praetorius, Michael　138
プレトーリウス、ミヒャエル（子）　Praetorius, Michael　38, 49, 61, 137-140, 145 *49, 139, 145*
ブロサール、セバスティアン・ド　Brossard, Sébastien de　148
フローベルガー、ヨハン・ヤーコプ　Froberger, Johann Jacob　85, 86, 142, 144
ベザ、テオドルス　Beza, Theodorus　95
ベートーヴェン、ルートヴィヒ・ヴァン　Beethoven, Ludwig van　23
ペープシュ、ヨハン・クリストフ　Pepusch, Johann Christoph　104
ペーリ、ヤーコポ　Peri, Jacopo　35, 36
ベルク、アルバン　Berg, Alban　115
ベルンハルト、クリストフ　Bernhard, Chrsitoph　145 *41*
ヘンデル、ジョージ・フリデリック　Handel, George Frideric　21, 24, 28, 29, 103, 104, 106, 126, 127, 150, 153, 154

ボエティウス　Boethius　92, 93, 134
ホガース、ウィリアム　Hogarth, William　105
ホグウッド、クリストファー　Hogwood, Christopher　159
ボナパルト、ナポレオン　Bonaparte, Napoléon　24, 125, 130
ポルポラ、ニコラ　Porpora, Nicola　123

【マ行】

マイヤー、ヨアヒム　Meyer, Joachim　152
マクレアリ、スーザン　McClary, Susan　115, 116 *115*
マッテゾン、ヨハン　Mattheson, Johann　38, 107, 137, 149-155 *150*
マドンナ　Madonna　115
マリーア・デ・メディチ　Maria de Medici　36
マールブルク、フリードリヒ・ヴィルヘルム　Marpurg, Friedrich Wilhelm　107
マントノン夫人　Madame de Maintenon　99
ミツラー・フォン・コロフ、ローレンツ・クリストフ　Mizler von Kolof, Lorenz Christoph　153, 154
皆川達夫　34
ミーリヒ、ハンス　Mielich, Hans　*50*
ムファット、ゲオルク　Muffat, Georg　98, 145, 146
メーイ、ジローラモ　Mei, Girolamo　38
メンデルスゾーン、フェーリクス　Mendelssohn, Felix　24
モーツァルト、ヴォルフガング・アマデーウス　Mozart, Wolfgang Amadeus　23, 24
モーツァルト、レーオポルト　Mozart, Leopold　149
モリエール　Molière　101
モンテヴェルディ、クラウディオ　Monteverdi, Claudio　7, 10, 21, 35, 37, 42, 51, 52, 82, 115

【ヤ行】

ヨンメッリ、ニッコロ　Jommelli, Niccolò　123

【ラ行】

ライプニッツ、ゴットフリート・ヴィルヘルム　Leibniz, Gottfried Wilhelm　140
ラグネ、フランソワ　Raguenet, François　99
ラッソ、オルランド・ディ　Lasso, Orlando di　50, 153 *50*
ラモー、ジャン＝フィリップ　Rameau, Jean-Philippe　79, 147, 148
ラモス・デ・パレイア、バルトロメオ　Ramos de

Pareja, Bartolomeo  78
ランドフスカ、ワンダ  Landowska, Wanda  157, 159
リスト、フランツ  Liszt, Franz  42
リヌッチーニ、オッターヴィオ  Rinuccini, Ottavio  36
リーマン、フーゴー  Riemann, Hugo  34  *34*
リュリ、ジャン＝バティスト  Lully, Jean-Baptiste  10, 21, 56, 97－102, 132, 145
ルイ14世  Louis XIV  56、97、99、132
ルソー、ジャン＝ジャック  Rousseau, Jean-Jacques  148
ルター、マルティン  Luther, Martin  93－96, 138, 139  *96*
レーオンハルト、グスタフ  Leonhardt, Gustav  159
レンブラント・ファン・レイン  Rembrandt van Rijn  104
ロジーニ、ジローラモ  Rosini, Girolamo  125
ロッティ、アントーニオ  Lotti, Antonio  123

Baldauf-Berdes, Jane J.  *123, 125*
Barbieri, Patrizio  *39*
Baum, Heinz  *129*
Berry, Helen  *126*

Chojnacka, Monica  *125*
Cowart, Georgia J.  *99*
Cyr, Mary  *99*
Duckles, Vincent  *117*
Feldman, Martha  *130*
Golombok, Susan  *114*
Hicks, Anthony  *127*
Hines, Melissa  *114*
Hucke, Helmut  *94*
Jadva, Vasanti  *114*
Kemp, Francesca  *125*
Koons, Ryan  *128*
Lindley, Mark  *84*
Maus, Fred Everett  *108*
Palisca, Claude V.  *39*
Parson, Laurel  *117*
Ravenscroft, Brenda  *117*
Rosand, Ellen  *31*
Snyder, Kerala  *102*
Talbot, Michael  *124*
Tick, Judith  *123*
Wolf, Uwe  *22*

# 図表・譜例一覧

**序章**
中扉　クラウディオ・モンテヴェルディ《オルフェオ》からプロローグ。ラ・ムジカが「私はペルメーッソスからやってきた…私は音楽、甘い言葉で荒れた心を沈めることができる」と歌う。……（7）

**第1章**
中扉　バッハが使用した印章の紋。ＪＳＢの文字が刻まれている。……（17）

**第2章**
中扉　建築家、技師であったジャーコモ・トレッリ（1608-78）による舞台デザイン。フランチェスコ・サクラーティ（1605-50）のオペラ《ベッレロフォンテ Bellerofonte》のプロローグの場面。1642年ヴェネツィアのノヴィッシモ劇場で上演。Cf. Ellen Rosand, *Opera in Seventeenth-Century Venice: The Creation of a Genre* (Berkeley: University of California Press, 1990), 136.……（31）

**第3章**
中扉　18世紀のヴェネツィア、サン・マルコ広場。後景のドームの建物がサン・マルコ大聖堂。カナレット、ジョヴァンニ・バッティスタ・チマローリの油彩画（個人蔵）。荘厳な教会音楽が演奏された教会の前の広場では、「牛狩り」のショーも行われた。……（45）

図1、2　プレトーリウス『音楽大全第2巻――楽器事典』の図版。当時のあらゆる楽器が記録されている。……49
図3　オルランド・ディ・ラッソと楽隊 …… 50
図4　モンテヴェルディ《オルフェオ》スコア（1609）のなかの楽器一覧 …… 51

譜例1　モンテヴェルディ《オルフェオ》スコア（1609）。カロンテの「汝この淵に来たる者」の前には「カロンテ、レガールの音に合わせて歌う」との指示がある。…… 52

**第4章**
中扉　プレトーリウス『音楽大全第2巻――楽器事典』のオルガンの図。演奏者の背中側にあるリュックポジティフの部分の絵をめくると演奏台が見えるようになっている。……（61）

図1　五度圏 …… 72
図2　ヨハン・ゼバスティアン・バッハ《オルガン小曲集》のなかの「人よ汝が罪の大いなるを嘆き」最終部（BWV 622）…… 87

表1　旋法と音階の関係 …… 66
表2　純正な完全五度を積み上げて半音階（すなわちオクターヴに含まれるすべての半音からなる音階）を作った時の各音の数比 …… 74
表3　純正律の各音の振動数比 …… 76
表4　中全音律におけるシントニック・コンマ（*sc*）の割り振り（ピュタゴラス音律、純正律との比較）…… 77
表5　ヴェルクマイスター音律 …… 83

譜例1　自然倍音列（音高は十二平均律上で最も近い位置）……71
譜例2　ルイ・クープラン《パヴァーヌ》嬰ヘ調（『クラヴサン曲集』より）……85
譜例3　ヨハン・ヤーコプ・フローベルガー《ファンタジア　ウト、レ、ミ、ファ、ソ、ラ》より……86

## 第5章

中扉　1745年、ヴェルサイユ宮殿におけるラモー作曲のコメディ・バレ《ナバーラの王女》上演の様子。シャルル＝ニコラ・コシャンによるエッチング。……（89）

図1　《乞食オペラ》上演の風刺画。かつて風刺画家ホガースの作とされていたが、作者不明（ヴィクトリア・アンド・アルバート博物館蔵）。……105

## 第6章

中扉　「ガンバ弾きの女」（ドレスデン美術館蔵）。ベルナルド・ストロッツィの油彩画。17世紀ヴェネツィアで活躍した女性作曲家バルバラ・ストロッツィ（1619-77）のパトロンであったニコロ・サグレードが所蔵していたことから、彼女の肖像画だと推測されている。……（109）

図1　「ヴァージナルに座る女」（ロンドン、ナショナル・ギャラリー蔵）。ヨハネス・フェルメールの油彩画。……119

表1　ヘンデル《エジプトのジューリオ・チェーザレ》の登場人物と声種……127

譜例1　バルバラ・ストロッツィ《エウテルペの戯れ》より第4番「哀歌」……122

## 第7章

中扉　ミクロコスモスとしての人体、マクロコスモスとしての宇宙の調和の図。アタナーシウス・キルヒャーによる。人体と宇宙が幾何学的図形で関係づけられている。（Kircher, *Musurgia universalis*, 1650, II, 402.）……（133）

図1　キルヒャーの機械仕掛けの音楽演奏装置（Kircher, *Musurgia universalis*, 1650, II, 346.）……143

図2　キルヒャーの作曲デバイス「アルカ・ムスルギア」（Kircher, *Musurgia universalis*, 1650, II, 186.）……143

## 終章、あるいはあとがきに代えて

中扉　ワンダ・ランドフスカ（1879-1959）の肖像。エミール・オルリックのエッチング。古楽復興運動の草分けであり、チェンバロの復興、バッハの鍵盤音楽の普及に絶大な影響を与えた。……（157）

著者紹介

**佐藤　望**（さとう・のぞみ）

慶應義塾大学教授。東京藝術大学楽理科卒業。同大学院音楽研究科在籍中、ロータリー財団奨学生としてケルン大学、およびDAAD（ドイツ学術交流会）奨学生としてボーフム大学博士課程で学ぶ。2003−4年フライブルク大学訪問研究員、2016−17年ブリティッシュ・コロンビア大学訪問教授。専門研究領域は、17〜18世紀音楽史、音楽理論史、ドイツ・プロテスタント神学と音楽など。演奏家としては、慶應義塾大学コレギウム・ムジクムを主宰し（指揮・オルガン）、20世紀合唱音楽や、バロック音楽などのレパートリーを中心に演奏指導を行っている。日本基督教団阿佐ヶ谷教会オルガニスト。代表著書に『ドイツ・バロック器楽論』（慶應義塾大学出版会、2005年）、『アカデミック・スキルズ──大学生のための知的技法入門』（慶應義塾大学出版会、第2版 2006年）などがある。博士 Ph. D.（音楽学・東京藝術大学）。

---

バロック音楽を考える　Rethinking Baroque Music

2017年4月30日　第1刷発行

著　者　佐　藤　　　望
発行者　堀　内　久　美　雄
発行所　株式会社　音　楽　之　友　社
〒162-8716　東京都新宿区神楽坂6−30
電話　03-3235-2111（代）
振替　00170-4-196250
http://www.ongakunotomo.co.jp/

譜例浄書：スタイルノート
装幀・本文組版：杉井孝則（杉井デザイン事務所）
本文印刷：藤原印刷／カバー印刷：太陽印刷工業
製本：ブロケード
© 2017 by Nozomi Sato
Printed in Japan
ISBN978-4-276-11027-4　C1073

本書の全部または一部のコピー、スキャン、デジタル化等の無断複製は著作権法上での例外を除き禁じられています。また、購入者以外の代行業者等、第三者による本書のスキャンやデジタル化は、たとえ個人や家庭内での利用であっても著作権法上認められておりません。

落丁本・乱丁本はお取り替えいたします。

辞典　　　　　　　　　　　　　　　　　　　　　　　　　　　　音楽之友社

## 新編　音楽中辞典
海老澤敏、上参郷祐康、西岡信雄、山口修 監修

西洋の音楽を中心に、日本の伝統音楽、諸民族の音楽、ポピュラー音楽の全分野にわたり、楽語、楽器、人名、曲名など約8,000項目を収録。理解しやすいように譜例・図版を多数掲載。楽語には原則として英・独・仏・伊の原綴を、人名には原綴・生没年月日・生没地を記載。

A5判・896頁　定価（本体5,500円＋税）　　　　　ISBN978-4-276-00017-9

## 新編　音楽小辞典
金澤正剛 監修

携帯に便利な新書判サイズ。西洋の音楽を中心に、日本の伝統音楽、諸民族の音楽、ポピュラー音楽の全分野にわたり、楽語、楽器、人名、曲名など約3,200項目を収録。譜例・図版多数。巻末には各種記号・略語の表、見返しには西洋・日本の音楽史年表、作曲家年表を掲載。

新書判・504頁　定価（本体2,286円＋税）　　　　ISBN978-4-276-00019-3

## ポケット音楽辞典
音楽之友社 編

学校、職場、音楽会など、どんな場にも容易に携行でき、片手で引けるポケットサイズの音楽辞典。西洋の音楽を中心に、日本の伝統音楽、諸民族の音楽、ポピュラー音楽の全分野にわたり、楽語、楽器、人名、曲名など約3,200項目を収録。巻末には各種記号・略語の表を掲載。

A6変型判・304頁　定価（本体1,143円＋税）　　　ISBN978-4-276-00018-6

## アルファベットで引く
## 6か国語音楽用語辞典
イタリア語・英語・ドイツ語・フランス語・スペイン語・ラテン語
音楽之友社 編　久保田慶一 監修

さまざまな言語で書かれた音楽用語をアルファベットどおりに引くだけで、原語の種類、カタカナ発音、意味が簡潔に分かる辞典。カタカナ発音には太字でアクセントを表記。収録語数は約5,500語。

A5判・240頁　定価（本体1,100円＋税）　　　　　ISBN978-4-276-00060-5

※アプリ版も発売中。
　詳細は https://www.ontomovillage.jp/ontomo/ontomodic6.html をご覧ください。

音楽史・楽典　　　　　　　　　　　　　　　　　　　　　　　　　音楽之友社

### グラウト／パリスカ
## 新　西洋音楽史（上）（中）（下）全3巻
**D.J. グラウト、C.V. パリスカ 共著**
**戸口幸策、津上英輔、寺西基之 共訳**

古代ギリシャから現代ヨーロッパに至る西洋音楽の伝統を丁寧な記述で概観した『西洋音楽史』の新訂第5版。上巻は古代から16世紀、中巻は17～18世紀、下巻は19世紀～20世紀の音楽を扱う。

菊変型判（上）372頁　定価（本体5,500円＋税）　ISBN978-4-276-11212-4
　　　　（中）404頁　定価（本体6,500円＋税）　ISBN978-4-276-11213-1
　　　　（下）448頁　定価（本体7,600円＋税）　ISBN978-4-276-11214-8

## 楽譜でわかる　クラシック音楽の歴史
### 古典派・ロマン派・20世紀の音楽
**広瀬大介 著**

前古典派（C.P.E.バッハ）から20世紀前半（新ウィーン楽派）までの楽譜を掲載し、作曲家が得意とした音楽様式上の特徴を、実際の作品から具体的に学ぶ。楽譜は、各曲1～6頁ほどの分量を掲載し、注目すべき書法を簡潔な書き込みで示している。

B5判・160頁　定価（本体2,500円＋税）　　　　　ISBN978-4-276-11018-2

## キリスト教と音楽
### ヨーロッパ音楽の源流をたずねて
**金澤正剛 著**

ヨーロッパの音楽の歴史を語る時に、どうしても無視するわけにはいかない、キリスト教と音楽の関係を分かりやすく解説。教会や聖書の基礎知識を交え、宗派による音楽の違いにも言及。

四六判・240頁　定価（本体2,000円＋税）　　　　ISBN978-4-276-11058-8

## ポケット楽典
**大角欣矢 著**

最小にして最強の楽典！　合唱や吹奏楽、オーケストラの練習に。ビギナーからプロまですべての音楽愛好家に。基礎知識はもちろん、コードネームの知識も充実。巻末には速度記号など演奏用語一覧を掲載。

A6変型判・200頁　定価（本体952円＋税）　　　　ISBN978-4-276-10012-1

バロック関連書籍 ──────────────────────── 音楽之友社

## バロック音楽　歴史的背景と演奏習慣
アントニー・バートン 編　角倉一朗 訳

一流の古楽専門家からなる豪華執筆陣が、「歴史的背景」「記譜法と解釈」「原典資料とエディション」「鍵盤・弦・管楽器・歌唱の奏法」などについて解説。当時の楽譜のファクシミリや絵画も掲載。ピリオド楽器や奏法、楽譜エディションなどの知識を得るのに手ごろな1冊。

B5判・184頁　定価（本体3,000円＋税）　ISBN978-4-276-14062-2

## トン・コープマンのバロック音楽講義
トン・コープマン 著　風間芳之 訳

作曲家の意図を汲むためには、演奏者自らが原典資料などを渉猟して、当時の人々の音楽に対する考え方、記譜や演奏の習慣を知る必要がある。本書は、世界的に著名なオルガニスト、チェンバロ奏者、指揮者である著者が、原典の読み方、解釈の仕方を読者にアドバイスする。

A5判・240頁　定価（本体3,600円＋税）　ISBN978-4-276-14061-5

## バロック音楽を読み解く252のキーワード
ア・カペッラからサルスエラまで
シルヴィ・ブイスー 著　小穴晶子 訳

バロック音楽に関係する基本的な用語の解説集。音楽の技術的な用語、バロック時代に特有の用語を優先。語の定義について述べた当時の文献からの引用が随所でなされ、実例として楽曲名が豊富にあげられている。巻末に、略年表、参考文献、欧文事項索引、人名索引を掲載。

A5判・280頁　定価（本体3,200円＋税）　ISBN978-4-276-14063-9

## バロックから初期古典派までの音楽の奏法
当時の演奏習慣を知り、正しい解釈をするために
橋本英二 著

バロック音楽から初期古典派までの音楽を演奏する際に留意すべきさまざまな事項を、J. S. バッハ、F. クープラン、L. モーツァルトなどの当時の教本（理論書）の記述にもとづきながら、実践的に解説。

A5判・392頁　定価（本体5,800円＋税）　ISBN978-4-276-14030-1

──── 2017年3月現在。お問い合わせ：営業部 03（3235）2151
最新情報はhttp://www.ongakunotomo.co.jp/をご覧ください。
重版により、定価が変わる場合がございます。あらかじめ、ご了承ください。